本丛书得到韬奋基金会资金资助
“十一五”国家重点图书出版规划项目

熊国祯

书林守望丛书

文化的积累与追求

熊国祯 著

首都师范大学出版社

图书在版编目(CIP)数据

文化的积累与追求/熊国祯著. —北京：首都师范大学出版社，2009.9

(书林守望丛书/吴道弘主编)

ISBN 978-7-81119-539-2

Ⅰ. 文… Ⅱ. 熊… Ⅲ. 编辑工作—文集 Ⅳ. G232-53

中国版本图书馆 CIP 数据核字(2009)第 125453 号

书林守望丛书
WENHUA DE JILEI YU ZHUIQIU
文化的积累与追求
熊国祯　著

项目统筹：张　巍
责任编辑：张慧芳　　责任设计：张　朋
责任校对：王亚利　　责任印制：沈　露

首都师范大学出版社出版发行
地　址　北京西三环北路 105 号
邮　编　100048
电　话　68418523(总编室)　68982468(发行部)
网　址　www.cnupn.com.cn
北京嘉实印刷有限公司印刷
全国新华书店发行
版　次　2009 年 9 月第 1 版
印　次　2009 年 9 月第 1 次印刷
开　本　787mm×1 092mm　1/16
印　张　14
字　数　200 千
定　价　30.00 元

做文化的守望者

——《书林守望丛书》总序

柳斌杰

文化是每一个民族赖以生存的根基和灵魂，而出版事业和出版物，是民族文化的结晶，是民族精神的物质承载者，是衡量一个国家和民族文明程度的重要标志。从事这项伟大事业的出版人，不仅是出版活动的实践者，而且是人类文化创造、积累、交流、传播的组织者和参与者，是文化产品的生产者、民族精神的护卫者和时代精神的弘扬者。任何时代，治书修史者都肩负着神圣的历史责任、文化责任、社会责任，在我国，这种传统一直延续了几千年。但是，目前受名利诱导和网络快餐文化的影响，出版界跟风炒作、追求市场效应一夜成名而不顾文化品位等现象时有耳闻。在种种浮躁的背后，反映出来的是出版从业者文化品格的缺失。唯其如此，为繁荣学术和民族文化而坚守文化天职、恪守社会责任的职业精神和文化追求，尤其值得在出版界大力弘扬。

出版人是文化薪火的传承者，具有坚守文化自信的历史责任。众所周知，出版是人类文明薪火相传的重要依托，一个国家民族科学文化的传播和传承，有赖于它的出版事业。中华文明之所以历经五千年而一脉不绝，就在于中国历代政治家、著作家、出版家、藏书家接续几千年文明发展进程中形成的尊崇历史、珍惜古籍、编修文献、善待图书、重视典藏的优良传统，他们将中华文化的精髓融入历代出版物之中，一代一代地传之后世，肩负起了将一个时代的科学文化及思想智慧真实地记录下来、传承下去的历史责任，使中华民族的文化根基与时俱丰、愈加巩固。作为新时期文化创新和文化传播的主体，当代出版工作者更加需要继承传统、关注时代，一方面自觉承担起对民族文化传统的保存、整理、批判、传承的责任，保持中华文化的统一性、延续性；另一方面推动文化创新和发展，弘扬和培育符合时代要求的民族精神，在增强民族的凝聚力、创造力以及同世界其他文明进行对话的文化自信力方面作出贡献，使中华民族独立于世界民族之林的文化根基更加坚韧。

出版人是文化创新的推动者，具有坚守文化本性的特殊责任。作为一种文化生产的基本业态，出版既有产业的属性，又有意识形态的属性，必须通过创新来保持文化的独特品质和内容的先进性。从这个意义上说，创新是出版工作者的不竭动力和显著特征，不仅是文化积累和产品制造的组织者，而且也是文化内容的选择者和把关者，当然应当是新知识领域的开拓者和新成果的发现者、催生者。一方面，知识的保存、生产和应用，文化和技术的传承、生产和原创，都是以出版活动为基础的。历史上重要的思想创新、科学发现和技术进步主要是通过出版物得以传承和发展的。另一方面，从造纸术、印刷术到当代激光照排系统、计算机王码汉字处理系统以及数字技术的应用，出版人率先将新成果引进出版业，引发出版形式和内容的不断创新。在文化传播过程中，出版人通过传承优秀民族文化、吸收外国文化精华、把握时代需要，促进着社会文化的不断进步。而现代出版史上鲁迅发现大批文学青年、叶圣陶对巴金处女作的慧眼识珠、巴金对曹禺作品的琢璞为玉的佳话，也反映了出版人所必备的发现新人新作的创新品质。在当前的创新型时代、创新型国家建设的过程中，人民群众的伟大创造，已然成为文化创新取之不尽、用之不竭的源泉，迫切需要出版工作者发现、认识、扶持、推广，进而铺垫中华民族元气深厚的文化创新的阶石，培育中华民族根深叶茂、神韵独具的文化创新的活力。

出版人是时代思潮的引领者，具有坚守文化领土与文化阵地的社会责任。出版的本质不仅在于积累文化、创造新知，不断推出更优秀的文明成果，而且还在于按照一定的价值目标对社会现实文化作出评价，通过选择、把关实现对社会风气、学术思潮、文化倾向的引导。古代中国知识分子正是借助“竹帛长存”所构成的社会认知体系和社会规范体系，才唤起了“见贤而思齐”的文化自觉和道德自律。“五四”时期以《新青年》为中心凝聚的一大批知识青年的出版传播活动，将“科学”与“民主”汇聚成了思想解放的伟大潮流。在当今政治多极化、经济全球化、文化多元化、新技术日新月异的国际背景下，在经济社会急剧转型、社会文化事业和文化产业发展不平衡的国内背景下，承担着建构社会主义和谐社会及传播先进文化的神圣使命的出版工作者，其选择、把关进而引导大众的责任更加重大，需要通过对精神生产加以规划与组织，对精神产品进行鉴别与加工，对文化遗产作出选择和整理，对社会信息予以筛选和传递，打造传承主流文化和主流价值观的精品力作，不断巩固主流文化阵地。这就要求当代出版工作者必须深深植根于中国特色社会主义伟大实践，敏锐把握时代变革的风气之先，不随波逐流，不跟风炒作，不断提高辨别真善美和引导大众文化、传播主流文化和主流价值观的能力，致力于弘扬民族精神和时代精神，为中国的改革开放和现代化建设事业提供有力的思想保证、精神动力和智力支持。

历史已经证明，出版业作为文化传承和文化创新的核心，如果没有文化理想和文化追求，便失去了发展的根基。而出版工作者的文化价值取向、人文素养、文化责任、文化运作能力和学术品评能力，又直接影响到出版物的文化含量。从这个意义上说，对于文化的坚守，不仅是一种出版理念，也是一项出版实践。在竞争日益激烈的世界文化市场中，能否坚持文化本位，能否坚守文化责任，对新时期的出版从业者来说，无疑是一种严峻的考验。《书林守望丛书》的问世，为我们提供了一部关于新中国出版人的精神文化启示录。其中反映出的经过沉淀而彰显的文化品格，尤其应该成为新时期出版工作者的精神支柱。这套丛书的作者，是一群深深地钟情于出版事业的文化守望者，他们在“书荒”时代辛勤耕耘，在“书海”时代坚持方向，恪守文化的尊严，组织、规划、策划、编辑、出版过一大批反映时代精神、民族精神及具有学术价值、文化品位的标志性工程，主持、主编过一大批科学、人文、经济、教育等方面为广大读者喜闻乐见的知识读物，为全社会提供优秀的精神食粮作出过重要贡献。在他们身上体现出来的勇于开拓、后启来者的创新精神和坚守精神家园、淡泊名利的文化风骨，堪称典范。希望通过这套丛书的出版，使新时期的出版工作者形成一种更加清醒的文化自觉，在文化与产业协调发展的道路上走得更加坚定，产生更多让世界为之惊喜的拥有自主知识产权的民族文化品牌，再现中华民族宏大的文化气魄。

当前，出版业的发展同政治、经济、社会、文化的发展一样，要在世界范围内的大对话、大交流、大竞争、大角逐中，把握机遇，迎接挑战，创造新的辉煌，需要一大批具有真才实学且能开阔视野、崇尚科学、追求真理、尊重创造、包容多样的新型复合型出版人才，来担当中国特色社会主义文化建设的推动者。《书林守望丛书》汇集的新中国成立六十年来成长起来的十几位出版家在长期为人作嫁的职业生涯中的思想火花、书坛掌故，集中反映了新时期出版工作者的精神风貌，不仅抓住了时代的新变化，也深刻把握了出版职业的新要求。这套丛书的作者，或者长于出版规划，或者长于鉴赏加工，或者长于经营管理，但都有将丰富的实践经验升华为理论的深沉思考。将这些经过实践检验的理论总结汇集起来，转化为鲜活的历史智慧和生命依托，对于未来的新型出版人才，无疑具有深远的精神哺育作用。我希望这套丛书的出版，能够吸引更多才华横溢、富有创造力的新军投身我们的出版事业，使中国出版人的文化守望薪火相传，为推动社会主义文化大发展大繁荣建功立业。

2009 年 7 月

目 录

代 序：毕生雅好为书忙

我是一个热爱本职工作的职业编辑，读书、编书、评书始终占据着个人生活和工作的中心。我 1961 年考入北京大学中国语言文学系，划分专业时分配到古典文献专业学习，当时大家都知道这个专业主要是为中华书局培养古籍整理专业编辑的。从那时起，我就把自己的学习和将来的编辑工作联系在了一起。如果从 1966 年大学毕业分配到中华书局算起，我参加编辑出版工作至今已有四十一年。遗憾的是，当时正值“文化大革命”期间，除了政治运动、下放劳动，什么编辑出版业务也没有。迟至 1971 年 6 月，从湖北咸宁文化部“五七”干校返回北京，我才在中华书局商务印书馆编辑三组真正开始编辑业务实践。我编辑整理的第一部书稿是出版于 1971 年 9 月的十六开本的邹容《革命军》。随后又编辑了几本配合当时理论学习的“历史知识读物”，例如《巴黎公社》、《拉萨尔》、《蔡特金》等。1975 年 2 月，我回到二编室（“文革”后期，整个中华书局编辑部被压缩为一个小小的第二编辑室，勉强应付中央交办的出版任务），继续从事古籍整理图书编辑业务。1978 年拨乱反正之后，中华书局和商务印书馆才分开，各自恢复原有建制，逐步全面开展工作，我选择了哲学、宗教古籍为业务方向。1986 年至 1994 年，我一度学习经营管理业务，分管过财务处、基建处和影印部。1994 年年底，我又被调回编辑部工作。无论升降，无论担任什么职务，读书、编书、评书始终是我的兴趣所在，魂牵梦绕，须臾不离。2004 年，我六十二岁时办理了退休手续，书局领导又返聘我继续协助看稿子。直至今天，我没有离开过中华书局，没有离开过古籍整理，没有离开过编辑出版业务。这个情况可以称得上是“吾道一以贯之”了。书稿定名为《文化的积累与追求》，原因主要在这里。几十年的编辑生涯，无论风雨晦明，无论悲喜沉浮，我始终抱定一个宗旨，要为古籍整理图书的编辑出版工作贡献自己的力量。和时代环境、社会潮流相比，个人总是渺小而微不足道的，但是，作为一个自觉的文化工作者，个人力量虽然微薄，肩负的文化使命却时刻难忘，痴心始终不改。“万事不甘随俗转，毕生雅好为书忙。”我愿以这副自撰的联语与同志者共勉。

与老伴毕素娟、女儿熊涛合影于天安门前

根据出版者对《书林守望丛书》的要求，书稿篇幅限定在二十万字以内。这里选录的四五十篇作品主题比较集中，谈的都是古籍整理、图书评论、编辑业务，反映的是我在编辑业务实践中的经验和体会。虽然日积月累，写了一些东西，却缺少系统的深刻的总结，收在这里的主要是散见于报刊的零篇短章。我在出版社里主要是一个实际干活的人，这些零零碎碎的体会与议论更能反映我日常的工作实际，反映一个编辑的所思所急与所为。阅读的专注与执著，工作的艰难与沉重，收获的欢欣与沉醉，酸甜苦辣，五味杂陈。除将篇幅长达两万字的《略谈古籍编辑的基本素养》置于书末外，绝大多数文章均按写作时间(或发表时间)先后排列，并保留了发表当时的署名(文末括号中的楷体字)。这样编排，可以较清楚地反映探索的足迹、思想的脉络，也可以避免分类集中所造成的阅读的沉闷。

我写书评是郑重其事的，诚恳坦率，直言不讳。发表书评时喜欢用笔名，主要是为了取得一个普通人应该得到的民主的平等的对话资格，摆脱权势、资历、地位等因素给批评本身带来的外在影响，评者与被评者彼此可以只就评论本身交换意见，平心静气实事求是地摆事实讲道理，共同对读者负责，以求改进图书品质。所用笔名多采用谐音方式，例如舒迅(书讯)、舒萍(书评)、肖雪生(小学生)、于有德(愚者千虑，必有一得)、郝新(好心)、梁岩(良言)、单毅(善意)、尹其明(隐其名)等。至于正式的工作总结、理论探讨或者会议发言，则署本名。

做了几十年编辑，从来都是忙着给别人编书出书，忽然有一天，有人要张罗着给自己出书，这才手忙脚乱起来，东找西寻，翻箱倒柜，收集整理了好久，也还是只有这么一点点东西，不大拿得出手。这时才深感惭愧与后悔：平时光知道干活，自觉的总结与理性的探讨太少了。但愿这一次的仓促交卷，是今后新撰著的开篇破题。编辑学需要来自实践而又能指导实践的理论成果。

勉强交上的作业，衷心地希望听到各方面读者诚挚坦率的批评意见。

2007年12月24日

整理古籍要编好目录

我十分赞成出版重要古籍应有索引的观点。许多基本资料书由于附上了人名索引、篇名索引以及重要名词术语索引等，使用价值大为提高。这种做法推广开来以后，不仅可以提高图书出版质量，而且将把有关的学术研究工作从初级的资料整理阶段推进到高级的综合研究阶段。我们不应低估这一工作的重大意义。凡有条件的新版古籍，最好都能附上必要的索引。

在编制索引还不能普遍做到的时候，我以为：整理古籍，先要编好目录，这是一项最起码的整理工作。现在新出版的古籍绝大多数都有目录，其中不少目录是在旧的基础上做了许多改进的，较前更为方便实用，但是，从科学与实用的角度着眼，有些古籍的目录也有值得改进的地方。例如：校点本二十四史，其整理质量是比较好的，但是它的目录都没有标明分册的起讫，这就给检索有关资料带来了麻烦。查找一篇作品，人们从目录上只能查到卷数和页码。由于现代印行的古籍是卷册分离的，知道卷数和页码并不能知道它究竟在第几册，人们只好根据每一册书的厚度再去推测这篇作品可能在第几册，猜准了才能拿到需要的那一册，猜不准就差前错后，来回折腾，劳神费力，耽误工作。目录是一部书最基本的检索工具。多册书的目录只有标明分册的起讫，才能充分发挥它作为检索工具的作用。重视了目录的这一作用，要标明分册的起讫是并不困难的。《论衡注释》共有四册，它就在目录上标明了分册的起讫。共分八册的《筹办夷务始末(咸丰朝)》则更方便，在书脊上就标明了每一册的起讫年代，使检索者可以一目了然。为方便检索而在目录编排和书籍

2002年中华书局九十周年局庆前夕接受《新闻出版报》记者采访

装帧方面下过功夫的古籍是不少的，这里不一一列举。有些书的目录在某些部分上略嫌笼统而不够具体明晰，例如《公孙龙子研究》的目录只列了注译、考辨、批判、探源及附录五大项。其中"注译"一项是按篇进行的，目录中宜开列篇名细目。"附录"一项又分事略、评说、著录、注释、索引(下分名目、学派及人名、引书要目)五小项，也以开列细目为宜。有了按一定层次编排的详细目录，读者就能对全书有一个整体的了解，用起来就更方便。当然，这本书在中缝上标明了某些细目，也弥补了目录上的部分缺憾。再如《风俗通义校注》，校注者搜集整理的佚文篇幅多达将近140页，而且是分类按题辑录的，目录中只笼统列为"佚文"一项。该书附有应劭的传记资料，有古人序跋及著录资料，有古人读书笔记中有关的考订文字等，共计35篇(段)，而目录中也仅笼统地列为"附录"一项。这样，读者从目录上就无法知道本书到底附录了哪些材料。还有些书的目录未能全面反映该书的内容。最常见的是有些书在目录前面印有前人旧序，编者往往不把这些旧序列入目录。我认为，除了出版者的极简短的出版说明不一定列入目录而外，书中附件或辅文不论多少都应列入目录，以便检索。为避免造成目录的繁杂或头绪纷乱，只要在目录层次的安排上分清主次，与本书正文有所区别就行了。最近出版的《高适诗集编年笺注》质量是不错的。书中的《高适年谱》不仅考订诗人的生平事迹，而且为高适诗文编年作了论证，它是这本书的一个重要组成部分，可是目录上却没有《高适年谱》的位置。

总之，目录是一部书的最基本的检索工具，它应当全面而具体地反映全书的内容，而且要编排得科学和便于使用。顺便提一下，目录的位置也要醒目。过去有的书把目录排在第一册的中间，或者是今人序言与古书原文分界的地方，或者是主文与辅文(包括前人序跋、今人序言、整理凡例等)分界的地方。有时序言洋洋洒洒，篇幅很长，有时附件或辅文较多，读者打开书往往不能很快找到目录。我觉得目录还是放在一本书的前面比较方便醒目的地方为宜。如果目录前占用的篇幅较多，就应当在全书的编排设计上做些改进，或者干脆把目录排在最前面。(肖雪生)

本文原载《古籍整理出版情况简报》总第 95 期，1982 年 9 月 20 日

《泽螺居诗经新证》书名、目录小议

中华书局最近出版的《泽螺居诗经新证》是一部好书。作者于省吾先生是当代著名的古文字学家，其治学之谨严、研究之深湛，素为广大学者所知。在本书中，作者以文字学研究的新成果，考释和发明《诗经》、《楚辞》的古义，论证周密，创获甚多，不仅给人许多确切的古文字知识，而且在研究方法上对人很有启发。因此，本书的著作质量之高当不容置疑。

但是，从读者的眼光来看，本书也有明显的不足。一是书名有以偏概全之弊。全书包含《诗经新证》、《楚辞新证》两部分，虽然《诗经新证》的内容、分量比《楚辞新证》要多要重，然而举一偏不足以见其余。二是全书仅三百余页，目录凡五见，一总目，四分卷目录，分散而令读者烦劳。除总目标注页码外，分卷目录虽列有不同层次的题目，但均不标注页码。因此，具体检索起来，即使知其先后，仍须一页一页地翻阅，否则是找不到有关正文的。如此目录，可称“聊胜于无”，与目录索引“取便观览”之意相距甚远。上述两点，当然无损于原著之光辉，不过终令读者引以为憾事。

本书虽属以原稿影印，大约亦非出自于老手书。如果编辑同志事先动动脑筋，在书名和目录方面提点建议，做些改进，事属轻而易举，于作者于读者都未尝不是一大美事！此亦编辑职责之所在。书有著作本身之质量，有编辑出版之质量，集两美于一身，方属圆满。

吹毛求疵，寄厚望于编辑出版之同志。（尹其明）

本文原载《古籍整理出版情况简报》总第 109 期，1983 年 8 月 1 日

《老子注译及评介》的特点

在哲学古籍的整理工作中，常常碰到这样一种现象：有的哲学史专业研究工作者，写起理论分析文章来，洋洋洒洒，头头是道。可是如果让他整理标点某一部自己专题研究范围内的古籍，却常常力不从心，窘态毕露。从这力不从心中，我们再去反观他的论文，则不难发现其中的浮夸不实、避难趋易、断章取义等类毛病。这样的哲学史专业研究工作者，好像一个跛足而行的人，他在研究领域内虽然也能迈步，但是行而不远，或者时时有跌倒的危险。他自身的局限太大了，难以取得研究工作的自由。

陈鼓应先生是研究哲学的，他既研究西方的哲学，如尼采哲学，也研究东方的古典哲学，如老庄哲学。陈先生十分重视阅读古书、整理古书的能力。他说："考据、训诂、校勘是谈义理的基层工作。许多谈义理的人，很忽视校诂学者所提供的成绩。事实上，谈义理如果缺乏基础的训练，常常会望文生义而产生误解。因而谈老子哲学思想的人，两层的工作都应兼顾。"中华书局最近出版的《老子注译及评介》就是陈先生实践上述主张的重要研究成果。

该书研究参考了古往今来有关《老子》一书的百馀种注释以及长沙马王堆汉墓出土帛书，融会贯通，参以己见，然后对《老子》五千言做了全面详细的注释和今译。其注释繁简得当，言必有据，凡重点之所在均征引详博，阐释周密。其译文清新明快，流畅通达。其引述则随文触发，言短意长，颇多心得。三者交相辉映，互为补充，共同阐发了《老子》书中蕴含的深刻哲理。有的学者称赞这部书"考订不泥古，评介重引今，注译有新意”，看来确是当之无愧的。

学术研究要繁荣，要深入，必须注意防止和克服各种门户之见。“他山之石，可以攻玉”。对于各种学术见解，不论是校勘考订方面的，还是义理分析方面的，不论是古人的，还是今人的，也不论是大陆学者的，还是台湾学者的，是中国人的还是外国人的，是学界泰斗的还是后辈新人的，凡有助于阐发《老子》义蕴的见解，陈鼓应先生都广为采辑引用，可说是百无禁忌。引用时还探本溯源，尽量按创说者、继之者、发扬光大者的次序，精心安排，斟酌取舍，观之井然有致。所以，此书有兼收并蓄之长，无繁琐芜杂之弊，较好地反映了迄今为止《老子》注释及研究中的多方面成果。鉴于这部书具有上述特点，所以它不仅可作初学者的课读范本，而且足供专业工作者深入研究时参考。

陈鼓应先生作为一位旅美台湾学者，长期生活在与大陆不同的政治环境中。由于所处环境不同，研究方法和重点有异，陈先生的著作中必然也会有一些见解不一定为我们所完全赞同，但是重要的是，作为严肃的科学研究的成果，学术见解上的相互认同，相互启发，甚至相互间的讨论和争论，都足以促进《老子》研究的深入发展，有利于民族文化遗产的继承与发扬。（舒迅）

本文原以“老子注译及评介”为题载于《古籍整理出版情况简报》总第 131 期，1984 年 11 月 10 日

“閒诂”不宜写成“闲诂”

《古籍整理出版情况简报》(以下简称《简报》)第 170 期在《一九八六年出版的古籍目录(文史哲部分)》中，将清代孙诒让的《墨子閒诂》写成“墨子闲诂”。《简报》第 171 期专文介绍最近出版的新书时，也将这本书写成“墨子闲诂”。在另外的一些书目或书讯中，笔者也曾见到同样的写法。其实“閒诂”的“閒”字在这里有其特定的读音与释义，可简写成“间”，读 jiàn。如果简写成“闲”，则音义俱失，变得不可解了。

中华书局 1936 年版《辞海》三〇三八页列有“閒詁”词条，其释义如下：

犹云夹注。汉许慎注《淮南子》，题曰“鸿烈閒诂”。叶德炯跋云：“閒诂犹言夹注，与笺同实而异名。《说文》：‘閒，隙也。’《墨子·经说上》：‘閒，谓夹者也。’盖其书为许君未卒业之书，仅约略笺识其旁，若夹注然，故谓之閒诂。”清孙诒让有《墨子閒诂》，自序云：“閒者发其疑牾，诂者正其训释。”亦取许氏“閒诂”之名，但义稍异。

一字之误，本不值得小题大做，但因屡见其误，为避免习非成是，乃作如上征引和说明。这件事提醒古籍整理工作者：繁体字的一字多音多义现象是需要认真对待的，在改写成简体字时，只有仔细查考原义，才能有正确的处理。(舒迅)

本文原载《古籍整理出版情况简报》第 177 期，1987 年 7 月 1 日

要重视佛教典籍的校点

——《佛教经籍选编》读后

校勘与标点断句是古籍整理的基础工作。不经过校勘就无法解决古籍的讹脱衍倒等文字错乱，读者就拿不到一个真实可靠的本子。而没有正确的标点断句，就谈不到正确地理解原作，进一步的分析研究也就没有基础。因此，要想做好继承民族文化遗产的工作，必须从最基本的工作做起，认真做好古籍的校勘与标点断句。佛教典籍由于其文字艰涩，名相繁多，本来就难读，如果再没有科学的校勘与正确的标点断句，那就更增加读者的困惑，使人望而生畏了。

中国社会科学出版社于 1985 年 11 月出版的《佛教经籍选编》为初学者提供了一个简要读本。它选目比较精要，以较少的篇幅选录了各方面比较有代表性的作品，同时对作品涉及的佛教专用术语等撰写了相当数量的注释，这是它的优点所在。其缺点主要在校勘与标点断句方面，尤其是后一方面缺点相当突出。

该书前言称这本《选编》是经过“校定整理”的，但全书没有一条校勘记具体说明校勘的成果和依据，到底哪些文字上的讹脱衍倒经过选编者的改补删乙得到了纠正，人们根本无从知道。而每篇篇末注明的“录自……”、“据……校正”，又混淆了校勘底本与通行本的界限。一般地讲，校勘用的底本应是校刻质量最好、文字错误最少的本子。而通行本只是印行比较广泛、容易借阅而已。底本选择得正确与否，是校勘水平高低的重要标志之一。底本选对了，可以大大减少校勘的工作量，可以少写校勘记而同时保证古籍文字的可靠性；底本选错了则相反。在说明版本时，一般“录自……”应是指底本而言，“据……校正”则是指具有重要校勘价值的校本而言。《选编》列为“录自……”的主要是《频伽精舍大藏经》和日本的《大正新修大藏经》，这两个版本都只是较常见、较容易找到的版本而已，似不是底本。从实际情况推测，真正充作底本的是《选编》列为“据……校正”的版本，例如金陵刻经处本。很可能编者只是选择一种较好的版本作为底本，原文照录，一般并未作校勘，在注明版本时又弄错了一二专业术语的含义，因而给读者造成误会。其实，编选参考资料时，由于各种原因和条件的限制，“只择底本，不作校勘”是完全允许的正常做法，问题在于要实事求是地把真相告诉读者，不必故意遮掩和闪烁其词，以免弄巧成拙，贻笑大方。

《选编》在标点断句方面的缺点有二：一是存在不少破句，使原来容易理解的句子变得诘屈聱牙，难以理解了。二是标点工作做得比较粗疏简陋，该标的地方不标，该用的符号不用，使原本十分生动显豁的文义变得晦涩模糊，影响了读者对原著的深刻理解。下面略举数例加以说明。

第 35 页　孔子以五经为道，教可拱而诵，履而行。

按：“教”字应属上读，逗号置于“教”字后。这里“道教”连称，是根本典则的意思，与后世佛教、道教的意思不同，但二字合成一词，不应割裂。

第 37 页　问曰：佛道崇无为乐施与持戒，兢兢如临深渊者。

按：这里正确的断句应是：“佛道崇无为，乐施与，持戒兢兢，如临深渊者。”如果自“佛”至“戒”十字连读，则前后均不可解。

第 37 页　尧不能化丹朱，周公不能训管蔡，岂唐教之不著，周道之不备哉？然无如恶人，何也？

按：“然无如恶人何也”七字应作一句读，句末问号应改句号或感叹号。“无如……何”是古代汉语中的一种固定句型。这里大意是说，唐教和周道都是好的，但是恶人不接受教育，你也拿他无可奈何。

第 118 页　汝等诸人，各达自心，莫记吾语。……若悟圣心总无馀事，久立珍重。

按：后面十二个字应标点作：“若悟圣心，总无馀事。久立，珍重。”马祖大寂禅师认为，“自性本来具足”，“圣心本无地位、因果、阶级”，因此，上根众生往往能言下顿悟，直认本心。“若悟圣心，总无馀事”，是这次说法的总结语。而“久立，珍重。”则是说法结束后对僧众道乏告别的惯用语。前八个字与后四个字，在内容性质上的区别是明显的，不应混在一起。

第 122 页　因僧问西堂：有问有答，即且置无问无答时如何？堂曰：怕烂却那。

按："答"字后的逗号应移至"置"字后。僧的问话应是："有问有答即且置，无问无答时如何?"这里明显地是以两种情况对举。编注者把逗号放错了位置，结果造成一个破句，一个不可解的怪句，实在令人遗憾。

《选编》比较重视禅宗在中国佛教史上的地位与影响，选录了相当数量的禅宗语录，包括《古尊宿语录》和《景德传灯录》中许多精彩的段落，很能反映禅宗的特点以及禅宗内部五家七宗各自不同的宗风。遗憾的是，标点工作过于简省和草率，出现了不少不应有的错误，影响了读者的阅读与领会。

禅宗语录重在机锋和妙悟。许多生动的对话，常在唇枪舌剑、咄咄逼人的气氛中开示人心。一句出人意料的问话，一句违背常情的应答，一个动作，一声断喝，往往在层层推进、步步紧逼的语言环境里，突然打断人的正常思维，使人言下有省，顿悟本心。因此，阅读和标点禅宗语录，一要分清哪是对话语言，哪是叙事文字；二要分清对话中的主客。如果这二条分不清，那就谈不上读懂，也就根本无法领悟禅宗的妙义。为此，冒号与引号的应用就成为必不可少的事。

让我们来看几个例子。

第 116 页　后马祖阐化于江西开元寺，师问众曰：道一为众说法否?众曰：已为众说法。师云：未见通个消息来。遂遣一僧去，嘱云：待伊上堂时，但问作么生，记取答话来。僧如教回举似师。马祖云：自从胡乱后，三十年不曾少盐酱，师然之。

按：这里的"师"即南岳大慧禅师怀让；马祖即道一，是怀让的六大入室弟子之一。这段话前面几处的标点大体是清楚的，当然，如果能将对话都加上引号，那就更明白易懂了。问题出在后面。"僧如教"是说派去的僧人按怀让禅师的嘱咐去做了。"回举似师"后的句号应改作冒号。后面"马祖云"至"少盐酱"是僧回来向怀让禅师汇报的内容，也就是僧所记取和转述的马祖道一的答话。因此，"酱"字后的逗号应改为句号。而"师然之"乃叙事文字，叙述怀让对马祖道一的回答是满意的。这是怀让暗地里考察道一是否真正得法的一个小故事。我们如果按原来的标点去读，一是不能明确了解僧“回举似师”的内容，二是“师然之”变成了马祖答话的一部分，混淆了对话语言与叙事文字的界限，考察的结论也不见了。照此分析，后面几句话的正确标点应是这样的：

僧如教，回举似师：“马祖云：‘自从胡乱后，三十年不曾少盐酱。’”师然之。

第118页　(庞居士)又问：不昧本来身，请师高著眼。师直下觑。士云：一等没弦琴，唯师弹得妙。师直上觑。士礼拜，师归方丈。居士随后云：适来，弄巧成拙，问如何是佛？师云：即心是佛。问离四句绝百非，请师直指西来意。师云：我今日无心情，汝去西堂问取智藏。僧至西堂问……。

按：这里由于标点的简陋和错误，把两件不相干的事混到了一起。“弄巧成拙”四字前面是庞居士与马祖大寂禅师的问答，后面是另一僧人与马祖大师及西堂智藏等人的问答。两者风马牛不相及。不仅问话的主体是不同的，而且风格也迥异。

现将这段话重新标点如下：

(庞居士)又问：“不昧本来身，请师高著眼。”师直下觑。士云：“一等没弦琴，唯师弹得妙。”师直上觑。士礼拜。师归方丈，居士随后云：“适来弄巧成拙。”问：“如何是佛?”师云：“即心是佛。”问：“离四句，绝百非，请师直指西来意。”师云：“我今日无心情，汝去西堂问取智藏。”僧至西堂问……。

第122页　僧问：抱璞投师，请师一决。师云：昨夜南山虎咬大虫，云不缪真诠。为什么不垂方便。师云：掩耳偷铃汉，云不得中郎鉴，还同野舍薪。师便打。僧云：苍天苍天。师云：得与么多口，云罕遇知音。拂袖便出。师云：百丈今日输却一半。

按：这里本是一段生动精彩的对话，在僧与百丈怀海大师的往复问难答对中逞露机锋。可是由于标点的错误，两个人的问难几次都被错当成师一个人的话，读来十分费解。

今试改正标点如下：

僧问：“抱璞投师，请师一决。”师云：“昨夜南山虎咬大虫。”云：“不缪真诠。为什么不垂方便?”师云：“掩耳偷铃汉。”云：“不得中郎鉴，还同野舍薪。”师便打。僧云：“苍天苍天。”师云：“得与么多口。”云：“罕遇知音。”拂袖便出。师云：“百丈今日输却一半。”

类似的例子书中还有不少，为避免繁琐，不再一一列举了。

《佛教经籍选编》的标点错误是不少的。从上述例子看，这些错误也都是不难发现和不难改正的。为什么在这个“为初学者提供的简要读本”中，在这本“入门书”中，标点错误却比较多呢？编选者是佛教研究方面的权威学者，校注者为本书撰写了相当数量的佛教专业方面的知识性注释，可见错误并不是由于专业知识缺乏而发生的。这个问题值得深思，这个教训应当记取。面对读者，面对求知的渴望，我们需要谨严求实的学风，严肃诚实的劳动，力戒急功近利，偷巧藏拙，简单从事。（尹其明）

本文原载《古籍整理出版情况简报》总第 218 期，1989 年 12 月 1 日

《唐宋笔记语辞汇释》读后

《唐宋笔记语辞汇释》，书名就引人注意。一拿到这本新出版的书，我就兴致勃勃地从头到尾认真拜读了一遍。因为平常读书，特别是读唐宋以来的古书，经常遇到一些疑难的语辞无从索解，翻查许多工具书都没有用，即使是修订本的《辞源》、《辞海》也不解决这些问题。经历得多了，也就不愿再做徒劳无功的翻检。没办法的情况下，只好学五柳先生的样子，“好读书，不求甚解，每有会意，便欣然忘食。”不过，这只适用于一部分陶冶性情或仅属于一般浏览范围的书。对于个人研究范围内的书，遇有疑难是不能囫囵吞枣的。有时不得不自己动手考释，因非个人专业所长，事倍功半当然在所难免，能解决问题就算万幸了。更多的情况是费了半天劲儿却没有结果，只好记录下来存疑。《唐宋笔记语辞汇释》的出版，填补了这方面的一些空白，所以引人注目，令人欣喜。

这本书篇幅不大，才二十一万多字，但集中疏释了唐宋笔记中的语辞三百多条，其中不少条目的解释贴切而有新意，属于作者自己的创获，也有相当一部分条目是汲取或增益前人的研究成果。每一条目都先解释词义，说明词性及具体用法等，例证大体上是充分的。不少条目作者还引述其他出版物上的有关解说，或援为佐证，或持异义而加辩正。有时还征引有关的历史资料，探本溯源，以广见闻。作者的解说文字洗炼，要言不烦，显示了比较扎实的学术功底。读了此书，使我获得不少有关唐宋时代的新的语言知识。例如“不良”是唐代缉捕公人之称；“出场”犹言“下场”、“结尾”、“结果”；“出手”是脱手、脱掉干系；“儿”即人，不含幼小义；“挥霍”是匆遽、仓猝、慌张的形容之词；“名胜”是名人胜士，指人而不指地；“同情”犹言“同谋”，是法律用语；“下山”指婚姻离异，多就女方的角度而言；“遗漏”特指失火，不是一般遗忘、遗失的意思；“支吾”是应付、撑持，非“抗拒”或“搪塞”义等。这样一些语辞的新解新义，若不是细读本书，极易发生望文生训或以今释古的误解。《汇释》在这方面做了很有价值的工作，取得了丰富的成果，值得祝贺。

从全书总的情况看，作者治学态度是谨严的，释义举例都有一定的法则，论证一般也是比较周密的，但是偶尔也有疏误或论证不足之处。例如第128页“请”字条，作者解释说：“请，受，特指领受俸禄、薪给之类，动词。”又说：“此义的‘请’或作‘倩’。如：⑤杜兼尝聚书万卷，每卷之后必自题云：‘倩俸写来手自校，汝曹读之知圣道，坠之鬻之为不孝。’(《太平广记》卷二〇一《杜兼》)”按，这里“请”字是主目，“倩”字是相关的附目。关于“倩”字，例句只举了《太平广记》杜兼这一条。实际上“倩”是请人帮自己做事。“倩俸写来”指自己花俸钱请人抄写，与下半句的“手自校”相对为文。因此，句中的“倩”字与请受之“请”不同义，是施事与受事的不同。由于是孤证，而且误解了原文，因此“倩”字作为附目是不能成立的。再如第110页“漫[二]”条，作者解释说：“漫，又有‘遍布’、‘蒙覆’义，动词。”这一解释可能是对的，如今北方口语中尚保留有这一用法。问题在于所举例句不能坚实有力地证实这一释义，不能排除另外的解释。作者列举三条例句，第①例十分贴切，第③例作者有所辩正，此二例均可置而不论。第②例引的是“肃宗既割(羊臂臑)，馀污漫在手，以饼洁之。上熟视不怿。(《太平广记》卷一六五《唐玄宗》)”此例句中的“漫”字究竟如何解释为好，值得研究。“漫”可作“涂”讲，即涂抹、糊上的意思，《庄子·徐无鬼》有“郢人垩漫其鼻端”一语。可以说，在“漫”有“遍布”、“蒙覆”义的问题上，作者举证过于薄弱，应搜集、补充新的确凿无疑的例句。另外在个别语辞的解释上作者有以偏概全的毛病。例如第53页“功德”条，“功德，指佛像，不是字面上所表示的意义，佛教用语。”例句中分明讲到“三官殿内功德塑像”，三官殿系道教宫殿。第138页“圣贤”条，“圣贤，指佛，与‘菩萨’同义，非谓圣人贤人，名词。”按语中分明讲到“太清宫里圣贤”，太清宫也是道教宫殿。因此，“圣贤”除指佛而外，也应包括道教的最高尊神。顺便提一下，所谓佛与菩萨同义的说法也是不确切的。作者在按语中明明引述到《王西厢》中“数了罗汉，参了菩萨，拜了圣贤。”这里显然是一句一个等级，不可混为一谈。

本书还有两个缺点值得注意。一是全书没有一个完整的目录。前面的“词目”和后面的“笔画索引”都只反映《汇释》正文的内容。而具有重要研究参考价值的《语辞备考录》共计五十七条，只在编著者“前言”的末尾被简单提到了几句，既不见于“词目”，也不见于“笔画索引”。读者如想方便利用，只有自己编目备查了。这种忽视附录，把附录置于可有可无地位的做法是令人费解的，与图书编辑的现代化方向也是背道而驰的。二是本书的排校质量比较令人遗憾。例如将《永乐大典》错成《永乐大曲》，《助字辨略》错成《肋字辨略》，“动词”错成“动歌”，“多领”错成“多颁”，“处处”错成“外处”，“后二例”错成“原二例”，甚至同一页上两处引用同一例句也发生文字差错。还有第136页“设”字条末尾竟然增出三行序号相接的衍文，仔细一读，原来就是134页末行和135页首二行的文字。错误如此明显易见，竟然没被发现而白纸黑字地印在了书上，毛病到底出在哪里？希望有关同志能够正视这些令人不安的错误事实，采取必要的措施来确保图书出版的起码质量。（舒萍）

本文原载《书品》1990年第3期

《天仙金丹心法》漫评

《天仙金丹心法》的出版是件令人高兴的事情，它说明人们期待已久的《道教典籍选刊》终于出版了第一本。虽然在道教史上，《天仙金丹心法》算不上是经典性作品，其时代也已晚至清代嘉庆年间，但这本书还是有一定特色的。道教信仰以长生久视得道登仙为大要，成仙的方法不外乎外丹与内丹两种，特别是内丹，隋唐以后备受道教徒的重视。内丹的真诀，只有师徒之间的口传心授才能得到，绝少见之于文字。历来讲内丹的书，都好用隐晦曲折的隐语或借代语，即使这样，真到十分紧要的关节仍是语焉不详，令人无从把握。《天仙金丹心法》虽然也变异其字，错杂其文，使用了常人难以索解的秘文，但是，只要破译了秘文，读者就可十分方便地前进，书中所有关键的功法步骤都讲得比较周详具体，简易直捷，让初学者有切实下手的地方，让深造者有循序渐进的阶梯。许多别人不肯讲的“至秘天机”，它能一语道破，使人豁然省悟。本书内容虽然侧重在内丹功法，实际对道教修持的各个方面都有所涉及，尤其对修心炼性的道德涵养功夫十分重视，能够综贯古今，兼包内外，讲得简明切实，体现了编著者性命双修的思想倾向。总之，对于研究和了解道教的思想旨趣和修炼功夫来讲，这是一部简明实用的有价值的书。

本书最隐秘的部分是讲炼丹方法步骤的秘文，松飞先生的贡献就是破译了这些秘文。原编著者煞费苦心，工于设计，将多种多样的排列组合方式和不拘一格的文字变异方法交错使用，使秘文复杂多变，令读者如堕迷宫，茫无头绪。有隔字跳读，有隔行斜读，有对角读，有回环读，有两字合为一字，有一字分成两字，有倒文取义，有增减偏旁成文……

不得门径者确实感到头晕目眩，无从下手。天书一样的秘文，经松飞先生破译之后，成了明白晓畅的平常话，凡有志修炼内丹并稍具道教知识者均可读得懂，学得会。本书的破译犹如给寻幽探奇者一把开启道教迷宫的钥匙，苟能举一反三，循流溯源，在解读道教经典方面必能找到深入堂奥的门径。

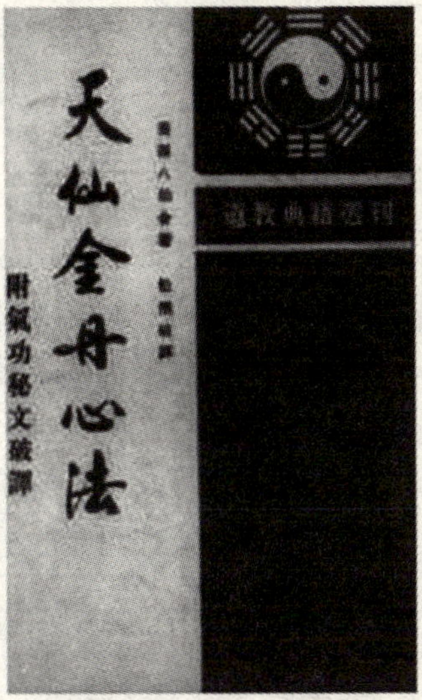

《天仙金丹心法》书影

本书旧题八仙合著，显然出于后人伪托。研究这种伪托的书，重要的是判定其时代和真实作者。闵智亭、李养正两位先生在序中说："《金丹心法》为清嘉庆十八年(一八一三)至二十年(一八一五)间全真道士柳守元托'八仙'而作，一名《天仙金丹心法》，一名《八祖金丹心法》，系全真道北宗主性命双修之内丹功法。"两位先生的断语没有说明依据，也没有提供关于柳守元的生平事迹材料或线索。笔者在仔细阅读原书序跋时看到，署名"三山笛史韩湘"的序中说："太岁旃蒙大渊献之秋，丹书功告竣。"(见本书前三页)换成干支纪年，即为乙亥年秋；嘉庆二十年正是乙亥年。署名"纯阳道者吕岩洞宾甫"的自序中说："是役也，经经纬纬，阅三寒暑而乃成。"(见前一页)这两处记载可能是闵、李两先生断定成书时间的依据。但是，蒋予蒲在《金丹心法后跋》中说："嘉庆二年六月十八日，予晤持真子于济南，得睹《金丹心法》一书。……复得续跋篇末，以质后人。"(见本书二二八——二二九页)这一确切载明的成书时间较上述说法早十六年。而柳守元在题词中说："曩者《金丹心法》书成，予曾跋识卷末，今重订全书……"(见本书前二二页)随后说明了章节的改并和增补的具体情况，即将《出神》、《敛阳》与《产婴》合并，改名《养婴》，添入《积行》、《行功》。范鏊在跋中说："兹届重订全书"，徐震在跋中也说："现届同人重订全书。"可见《金丹心法》一书曾有两个版本，一是蒋予蒲于嘉庆二年在济南持真子处看到的初版本，一是后来的重订本，也就是收入成都二仙庵重刊《道藏辑要》中，今天据以整理标点的本子。关于本书的编著者，柳守元的题词和徐震的后跋透漏了个中消息。闵、李两先生的判断可能是对的，但未能多提供一点材料或线索，不能不令人遗憾。

本书在编排上也有值得改进之处。一是目录不够详明。全书正文共有十六卷，每卷一个标题。每卷内再分十二个小的章节，也各有标题，但章节小标题不见于目录，查阅起来不太方便。《天仙金丹心法弁言》共计十三篇，均托名历代道教仙真，目录上只标一个题目，篇数也未注明。二是分篇分段不够周全细密。上述十三篇弁言连成一气排，眉目不清。如果篇与篇之间空一行，每篇末尾的署名按通常书写格式单占一行，效果要好得多。华玄邱的《心法文评》按八仙次序，一段评论一人，而评论李祖与张祖的两段文字未能分开(见本书二三〇页)。有的秘文篇幅较长，原编著者文字上有明显的分段意图，此次整理也未能将段落分开。例如第十一卷第五章《透三关》，原文可分为四段。“此一节是论三关之步位也”，以上为第一段；“此一节是论过三关之次序也”，以上为第二段；“此一节是论五龙捧圣之捷法也”，以上为第三段；“总之”以下为第四段。如各段均另行起，则眉目疏朗，层次分明；现在则密密麻麻一大片，看起来要吃力一些。整理者或编辑在目录和分段上多用些功夫，将这类问题处理得妥帖完美一些，将造福于成千上万读者，因此，事情虽小，意义并不小。

本书在标点断句方面还存在一些错误不妥之处，今择要列举如下：

第三页第三行“夫师以强教金针，非靳于后人。”按，“金针”二字应属下读。

第一二页第七行“予闻诸庄子，道人无闻至德，不得大人，无已约分而不期。”如此标点，文义窒碍难通。正确的断句应是：“予闻诸庄子，道人无闻，至德不得，大人无已，约分而不期。”

第一三页倒二行“石崇吝族于伦，子鱼贪尸诸木。”这里应三字一逗：“石崇吝，族于伦；子鱼贪，尸诸木。”

第一六页“古者上堂声必扬，夜行则以火。不窥密入虚，如有人。”按，“入虚”二字应属下读。

第一七页第五行“呜呼！可畏也。夫是故冥冥之中，必薙厥萌；寂寂之地，毋滋尔蒂。”按，“夫”字应属上读。“也夫”联用，加重上句的感叹语气。“是故”乃表因果关系的转折连词，提起下句。

第二〇页第七行“夫无端失足，踰闲于身世之交，自好之清流一惭之。不忍忍，终身惭耶。”按，后半截不成句读。正确的读法应是“夫无端失足，蹿闲于身世之交；自好之清流，一惭之不忍，忍终身惭耶？”讲的是修道之人，一旦有过失，应当立即知道愧悔自励。

第三一页第一行“善无大小，而善量无穷，力所得为而为之，皆可为。人物养和平之福，解杖头之费，输囊底之金，斯遐迩异同，均沐和风嘘植矣。”这里“人物”二字应属上读，系指有道德风范的好人。全句意在鼓励人为善，善无大小，力所得为而为之，就是好人。

同页第三行“终日乾乾，而与时偕极，亦安有轻重、优劣、强分、大小之名耶？”按，后半截应标点为“亦安有轻重优劣，强分大小之名耶？”再次强调“善无大小”之意。

第三八页第三行“曷为气？无象无形，无声无臭。天地之生理，人物所由生。曷为无声？曰：有声者，呼吸是息也。气之用，非气之真也。气藏气海中，息之体也。气何起？曰：丹田介任督之间，而交会于上齿下齿之尖处。筑基筑真气，毋于息求之。”这一段话仔细分辨了气与息的区别，内容十分重要。“臭”字后句号应改逗号，因为“无象无形，无声无臭，天地之生理，人物所由生”，都是回答“曷为气”这一问题的，不应割裂。“呼吸”二字应属上读，“也”字后的句号应改为逗号。这里连下四个判断，一气呵成，从反面回答了“曷为无声”的问题。“曰”字后冒号可省，“丹田”后应加一句号，它回答了“气何起”的问题。“介任督之间，而交会于上齿下齿之尖处”，这是讲气脉运行的干线，不是回答“气何起”的问题的。主语是“气”，而不是“丹田”。丹田的位置尽管各家说法并不完全一致，但和上述这句话无论如何也拉扯不到一起。

第四五页倒第二行“气曷养也？顺以驭，缓以行，窄以通，扣以走，疾徐得法。而过度适中也，一关未度，则反水逆流，凝结一方为恶症。”这里，“法”字后句号应删去或改为逗号，“也”字后逗号应改为句号。“过度”是“过关度穴”的简略语，讲气脉运行通过重要关卡穴位，是动词，而不是副词。“得法”与“适中”是互文见义的形容词。“一关未度”以下是讲气脉不通的严重后果，应与上文断开，自为一句。

第四六页第六行“扣者何？上下之行，不离所主。督气下于任根，系尾闾穴；任气上走督根，犹著于前阴。”两个“根”字均应属下读。督脉起于尾闾，任脉起于前阴。督脉之气向下运行到任脉，其根仍系于尾闾穴；

任脉之气向上运行到督脉，其根还是固著于前阴。这也就是“上下之行，不离所主”之意。

第五七页末行“细为参详，为辨地利尽而人事成矣。”按，句首应三字一逗，“参”字后应加一逗号，“详”字后逗号应移至“辨”字后。“细”与“详”为互文，“参”与“辨”为互文。

第六九页第三行“至若结庐前后，带水为佳。”按，“前后”二字应属下读，是方位词，不是时态助词。

第七一页倒第四行“盖雾敛云消，日月自辉，光而溢彩。”按，“辉”字后的逗号应去掉。

第七三页倒第五行“辰时饮食已，复上单；时历午、未、申，计度三十有六。”本章按十二时辰顺序讲练功活动的安排。“已”字为“巳”字之误，应属下读。“单”为练功的单床。“巳复上单”是说巳时重新开始练功。上续辰时，下接午未。

第七六页第二行“秀擢金茎龙穴，荟收成之果；灵钟翠釜鹤砂，燔煅炼之乡。”这里是前四后七的对偶句，“龙穴”与“鹤砂”均应属下读。

同页第五行“句蕴精微，制器须知。夫尚象条分利弊，运斤即所以成风。”这里也是骈偶之文。“知”字后句号应删，“象”字后应加一分号。前四后七，两两相对。

第七九页末行“炼丹超劫，一如得谷者。生谷借釜鬵而熟，丹资鼎器而成。”按，“生”字应属上读，下面十二字乃对偶句。

第九三页二行“九还凭紫府之珠，泽媚山辉，丹有母；三昧托红炉之焰，铛空鼎旷，火无灵。”这里应七字为句，“辉”字后与“旷”字后的逗号均应去掉。

第一二〇页九行“他气皆然。自得火中有风，风动火旺之道。”按，此二句前因后果，不应割裂，“然”字后句号应改为逗号。

第一三二页七行“一呼一吸，各默持七字咒。一句咒终气转，则火风兼到，药有化机。”按，“一句”二字应属上读。

第一三五页倒第五行“不先不后，无过不及，非所谓轻重、疾徐凭意想静观动察守黄庭乎？”按，句中“所谓”以后“乎”字以前的文字系引述前人旧文，可加引号。“重”字后顿号应删去，“想”字后应加一逗号。

第一五〇页倒第四行“以丹炼神，是从下丹田转丹升提而降于上丹田，故三关、泥丸为升提之道路。”按，“转丹”二字后应加一逗号。

第一六六页第七行“而空从定来是入定，实为结胎之始基也。”按，“是入定”三字应属下读。

第一七五页第四行“守胎息而著于守，生守之之妄；念不行火而全不行，失行之之真。理是只静不动，只空不色。必未能静，未能空，胎即堕于不有之有，不无之无，而落小乘之果矣。”由于断句有误，导致文义混乱，竟至于出现“理是只静不动，只空不色”这种错误的断语。若谬种流传，则将害人不浅。这几句中，“念”字应属上读，“理”字也应属上读。生妄念与失真理相对为文。“只空不色”后句号应改逗号。原编著者对“只静不动，只空不色”是持批评否定态度的。

第一八七页倒第三行“再或出或入，俱按常期收纵往来，不可任意。”按，“期”字后应加一逗号。

第一九六页第四行“神圣飞翀胜地，祇馀往迹矣。”神圣飞翀意谓成仙升天，“胜地”二字应属下读。

第一九六页末行“重以往来，僧众则供亿之役繁，昕夕不遑，乃以程吾劳勚，更于人之所不屑，黾勉而安之，则终始一心，斯不见人相我相，三年无过，行记二千。”按，“僧众”二字应属上读，“屑”字后逗号可删去，“我相”后逗号可改句号。

第一九七页第八行“况既云积行正资，募劝辛勤，勿惮程途，勿分众寡，多多益善，汔于有成。”按，“正资”二字应属下读。

同页第九行“然劝募之时难，必信从者众，则显仙踪以觉世，昭灵迹以感人，不必慎如禅院。”按，“难”字应属下读。“难必信从者众”，是说难以肯定信从的人多，所以才有必要显仙踪、昭灵迹。如果“必信从者众”，则劝募之时又何难之有呢？

第一九八页倒第二行“圣真矢愿，化人必择通都孔道；莲台宝座，相时宜而说法讲因，风雨燠寒不辞。”按，“化人”二字应属上读，“道”字后的分号应改为顿号。

第二〇四页第四行“田祖有神，秉畀炎火，非好杀以生禾也。”按，“杀”字后应加一逗号，先从反面否定，再从正面肯定。

第二〇九页第二行“若闻杀而不见其形，则诵往生咒十遍，以吾意会物形，送于冥曹，求转为人。道行之一岁，厥功千。”按，“道”字应属上读。

第二二九页第四行“躬行实践共完性命以合天，本固华荣妙鍊形神而证果。”按，“践”字与“荣”字后均应加一逗号。

同页第一一行“虽经筵，莫赞高深；而绪论，犹工讽咏。”按，两处逗号均应去掉，分号可改逗号。

第二三〇页第三行“后世漫无根柢，一览无馀，以枯木寒鸦，而辄托名公谷，乃从而名之曰：老殊堪一噱。”按，“曰”字后冒号可删，“老”字后应加一逗号，属上读。这里是说，后世妄人文字枯瘠，却自我标榜为风格简老，实在可笑。

上述标点断句上的错误，多数是容易发现和改正的，只有少数几例确实较难一点。整理者如能像破译秘文一样沉潜反复，仔细推敲，绝大多数错误就不会发生了。希望今后陆续出版的道教典籍能够精益求精，质量更完美一些。（舒萍）

本文原载《书品》1991 年第 2 期

《金瓶梅词典》琐议

白维国同志编的《金瓶梅词典》(中华书局 1991 年 3 月第一版)收词比较广泛，词目多达 8 129 条。体例比较规则，有注音，有释义，有例句，必要的地方有征引，或引前人对有关语词的诠释作为辅证，或说明出典。例句比较丰富，不少词条或义项不限于单文独例，往往有两三个例句。例句末尾详细注明了两种重要版本的页码，比较便于读者检核寻绎。以手工方式个人编撰词典尚能提供比较丰富的例句，是相当不容易的。释义方面作者也取得不少新成绩，8 000 多词条说明了诠释范围之广。多数词条的释义大体是简明扼要的，有些历史名物的诠释达到了一定的深度。还有一些词语历来为注家所难，绝少有人提及，作者也有所开掘有所发明。书后的四个附录，包括歇后语集释、俗语谚语辑录、留文辑录、人物表，都是阅读作品、研究语言的重要资料。总的印象，这部词典虽是个人独力编写，仍然达到了一定的质量水平。

本书的版面设计也值得称道。词目以大字外加黑括号标示，注音和释义改用小字，转行时缩进一格。例句则另行起，再缩进一格，转行时与上一行齐头。这样，词目、注音、释义以及例句各部分区分得十分明显，整个版面也错落有致，疏朗醒目，不伤目力。这样的版面安排，不仅考虑到了科学利用版面问题，而且重要的是考虑到了读者的实用要求与保护目力问题。现在有些词典不仅字体小，而且版面过密，各部分之间区分不明显，查找起来非常吃力。词典是读者最多、使用最频繁的书籍品种，如何兼顾有效地保护千百万读者的目力和节约纸张两个方面，是词典版面设计者的重要课题。

编写词典是一项非常严肃非常艰巨而且科学性要求非常高的工作。一个人独力编写词典，不论其造诣多深，学识多渊博，总难免有举鼎绝膑之虑。更何况《金瓶梅词话》一直属于禁书或处于控制发行状态，各方面的研究探讨都很不充分，可参考利用的东西不多。因此，《词典》出现某些疏漏失误是不足为怪的。重要的是指出这些疏漏失误，总结经验，找出原因，求得今后改进。笔者择其疏误中比较重要的例子提出一点看法，与作者商讨。

第16页“摆话”，释义为“叙话，对话”。例句是“两个说了一夜话，说他爹怎的跪着上房的叫妈妈，上房的又怎的声唤摆话的，硶死了。”这里释义和例句都有问题。例句有破句，末一个逗号应置于“声唤”后，“摆话的”三字应属下读。例句前有“丫头学说”四字，是理解“摆话”一词的关键，不知作者为什么把它删去。“摆话”的主语是丫头，不是吴月娘(上房的)。“摆话”是学舌描述。因为描述得不堪入耳，丑死了，所以是“摆话的硶死了”。今天北京话中还有“摆话”一词。

第56页“柴”，释义为“指行刑用的棍棒或鞭子。……挨柴，这里指受鞭子抽打”。这是一种想当然式的错误解释。可以参考的解释见本书第735页歇后语集释“惜薪司挡住路儿——柴众”条：“柴，这里又是隐语，指说话，议论。柴众，即口舌多。”需要补充说明的是，“柴”是明代流行的口头语言，不是什么“隐语”。此词多用于贬义。受指责叫做“挨柴”，胡诌瞎扯叫做“胡柴”。不是一般的说话、议论。

第81页“春凳”，释义为“宽而长的凳子”。现代汉语说“凳子”，是指没有靠背的供人坐的家具。但是，本书第718页列有一条歇后语：“春凳折了靠背儿——没的倚了。”可见有靠背是春凳的一根本特征，否则，不可能产生这么一条歇后语。第81页的第2个例句也说秋菊正倚着春凳儿。所以，春凳应是有靠背的宽而长的坐具。“凳子”的概念古今有所不同。现代汉语的“凳子”，古代似乎叫“杌子”。

第156页“放羊”，释义为“又放羊又拾柴，指靠妻子有外遇来捞取好处”。这个解释沾边而不十分确切。谐音是这句话的主要特点。又放羊又拾柴，谐音“又放佯又拾财”。明知其事而故意装作不知叫“放佯”。

第165页“扶头”有两个义项，解释全是错的。义项一是“头昏”，例句是“每日只是思睡，扶头不起。”扶头不起，就是扶不起头(“头”是扶的宾语，“不起”是补语），也就是提不起精神。义项二是“醉酒后再喝一点酒或吃点醒酒的东西，使头脑清醒。”所举三个例子，没有一个发生在醉酒之后。例句一是西门庆与妓女郑爱月儿云雨之后，应伯爵对西门庆说：“你才出来，拿酒儿且扶扶头着。”例句二是写张胜与孙雪娥同宿一夜，“次日起来，梳洗了头面，刘二又早安排酒肴上来，与他姐夫扶头。”例句三是写陈经济与韩爱姐“盘桓一夜，停眠整宿。免不得第二日起来得迟，约饭时才起来。王六儿安排鸡子肉圆子，做了个头脑，与他扶头。”三例都与醒酒无关，而是劳累辛苦之后或睡觉刚起时，喝酒进食，提神醒脑。“扶头”就是提神醒脑，振作精神。因为酒是兴奋神经的，所以扶头往往同喝酒联系在一起。

第 188 页“寡”，释义是“干枯，缺少水分”。例句是“想着一来时饿答的个脸黄皮儿寡，瘦的乞乞缩缩那等腔儿。”这里断句有误。“寡”字后逗号应下移至“瘦的”后。“黄皮儿寡瘦”是一个常用的成语，形容人瘦得可怜，黄腊腊的骨瘦如柴，皮肤干枯，没有血色。这是因断句有误造成了分词错误。“乞乞缩缩”也是个成语，形容人愁苦害怕或者挨冷受冻缩成一团的倒霉样子。本书第 404 页引用同一例句时犯了同样的断句错误。

第 365 页“那话”，义项二的释义是“委婉语，代替不便说出的事物”。这样的释义是模糊的，不确定的，令读者摸不着头脑。词典的任务是把生词解释明白，为读者扫除语言障碍。其释义应当直截了当，简明扼要，尽可能不用婉词。其实，此义项的释义并不复杂，写成“生殖器的借代语，多指男性外生殖器”即可。

第 498 页“说话”，义项三的释义是“指不便于直接说出的情况”。也是含混不清，不明所指。其实，这是难于启齿的丑闻丑行的委婉语，或者亲属长者意外死亡的避讳语。词典不把这层内容注释明白，怎么能对读者有所帮助呢?

第 384 页“搧”、“磞”释义为“撞击；碰撞”。其实这两个字就是“拍”字的俗体或异体。拍有轻拍，有重拍。释为“撞击；碰撞”不如释为“拍”确切而严密。

第 447 页“三不知”，义项一的释义为“突然，没有思想准备”。这个解释与引用的辅证不合，与两个例句也不合。明姚福《青溪暇笔》：“俗谓忙遽曰三不知。”例句用的正是这一意义。“正进门”显然不是突然进门，

“恰进角门就叫”显然不是“没有思想准备”就叫。正因为匆忙急遽，所以才分别发生相撞和让吴月娘听见的意外事故。作者把前后文的有关情节拉扯到对“三不知”一词的解释里来，未免有画蛇添足的毛病。

第474页“盛价”，释义为“尊称别人的奴仆”。这是不确切的。盛价是对来使的尊称，与475页“盛使”同义。《辞源》有“盛介”一词，介、价可能方言同音。只要是派来的使者，不论是否奴仆，都可称为盛价。而“别人的奴仆”在不充当来使时，也不叫做盛价。

第475页“失脱”，释义为“出现失误和脱漏”。这是从字面出发的误解。道教迷信说法，人死以后要托生转世。五道将军就是主管死后托生之事的。“失脱人家”是说转世的鬼魂迷失了方向，找不到投胎托生的人家。“失脱人家逢五道，溟冷饿鬼撞钟馗”，是说正碰上主宰生死的主儿了。

第500～501页“私肚子”、“私已”、“私窠子”、“私囊”、“私狎”、“私盐私醋”、“私语”。这一连串带“私”字的词，均为不公开的，暗地里的，背着人的。有关释义没有把这一特征讲得太明白。

第506页“素儿”，释义为“素子”，第507页“素子”，释义为“酒注子；小酒壶”。酒注子是对的，小酒壶则错了。素子根本不是壶状的。查本书第281页有“酒注子”一词，释义比较正确，但不够完整。这是一种盛酒的器皿，锡制或者瓷制，像瓶子，底大，颈细长，上口外张，不加盖，用于临时斟酒或者烫酒。三个词讲的是一个东西。这种互注的词，一是要注明互见页码，以省读者翻检之劳。二是应在其中一处有较为完整明确的解释，否则读者还是看不明白。

第509页“所”，释义为“用在动词‘行’、‘走’之前，表示不间断地，一个劲儿地。”这里“所”应是“趖”的借字。《说文》：“趖，走意。”“所走”就是行走，“所行”就是走行。《金瓶梅》系用明代市井流行的口头语言写成。作者记其音，会其意，未必得其字。许多难解的字词，一旦找到其本字，就很容易解释；找不到本字就很费劲，难免臆测。

第526页“粜风卖雨”，释义为“比喻虚夸不实，好说大话”。例句是“这杨大郎名唤杨先彦，绰号为铁指甲，专一粜风卖雨，架谎凿空，拄着人家本钱就使。”从例句看，“粜风卖雨”应是买空卖空，做骗人的空头买卖。这样解释，才能与下文“拄着人家本钱就使”有所呼应。

第 535 页"头轻"，释义为"清白无事"。例句是"殴打妻儿病死了，死了时他家告状，使了许多钱方得头轻。"这是陈经济唱诉自己打死妻子西门大姐的一段经历。犯罪事实俱在，只是"使了许多钱"，买通了官府，所以才不会被抓，不用担惊受怕了。可见"头轻"只是心里轻松，不担心，不发愁。释为"清白无事"是不恰当的。

第 542 页"蛙"，释义为"表情愁苦。丁惟汾《俚语证古》：'蹙额之脸谓之瓦孤脸。'"这样讲似乎未得确解。"蛙"与"瓦孤"也难于等同看待。实际"蛙"是"窊"的借字。窊，低下。窊着脸，即低着脸，头朝下不看人，是典型的生气不高兴的样子。至今不少地方还有这种说法。"窊"有时也写作"洼"。

第 603 页"玄元始"，释义为"称道教始祖老子。老子被奉为'元始天尊'(一说为'道德天尊')，又被封为'太上玄元皇帝'，故称。"这里史实有误。老子被奉为元始天尊一说不知根据何在？道教的神仙系统虽然混乱，但是老子从来不曾与元始天尊相混过。明代著名小说《封神演义》以太上老君、元始天尊和通天教主为师兄弟，也是脍炙人口的。实际老子既被封为太上玄元皇帝，又是道教始祖，作者为了与"新垣平"相对仗，便胡乱拼凑出"玄元始"这一新词，此事容易理解。"老子被奉为元始天尊"一句于史无据，应删去。

第 615 页"仰着合着"，释义为"不知是仰是合，比喻不知有什么样的结果。"解释是正确的，还不够圆满。例句虽列举了两个，却不典型。原书第六十九回写文嫂骂玳安："猴孙儿，隔墙掠筛箕——还不知仰着合着哩。"此例含义显豁。筛箕是用细条竹篾编制的淘米用具，形状像箕。仰着指筛箕口朝上，合着指筛箕口朝下扣着。隔着墙把筛箕扔过去，就不知道结果如何了。"仰着合着"正是这句生动形象的歇后语的简略说法。参见本书第 721 页附录一歇后语集释。

第 618 页"咬蛆儿"，释义为"嚼舌头；背地说人坏话"。从例句前后文看，"咬蛆儿"肯定不是背地说人坏话。西门庆让孟玉楼和潘金莲弹着月琴、琵琶合唱一支小曲儿，潘金莲当着面，非让不会乐器的李瓶儿也参加，她才肯唱。据此情景，"咬蛆儿"应是臭咬嚼之意，即故意添乱，非把不相干的人也硬牵扯进来不可。李瓶儿当时在场，潘金莲说的是"教李大姐也拿了庄乐器儿。"因此，既不是"背地"，也不是"说人坏话"。

第634页“意小”，释义为“心眼小；爱占小便宜”。例句是“官人在上，不当老身意小。自古先说断，后不乱”。这是杨姑娘在西门庆讨娶孟玉楼时说的话。从前后文分析，“意小”不是爱占小便宜，而是放心不下，遇事先谈条件，所谓“先说断，后不乱”。下文媒婆薛嫂责怪杨姑娘：“你老人家忒多心，那里这等计较。”可见，意小就是多心，计较。

第638页“影”，义项三释义为“恶心；厌恶的感觉”。例句是“想着前日道士打看，说我短命哩，怎的哩，说的人心里影影的。”吴月娘等三人打龟卦，潘金莲没赶上，吴月娘为她遗憾，她却表示：“我是不卜它。”而且说：“随他，明日街死街埋，路死路埋，倒在洋沟里就是棺材。”表面上故作旷达心宽，实际她心里有病。“影影”是“影影绰绰”的省略说法，不是恶心、厌恶。心里影影的，就是心生疑惑。潘金莲不愿卜龟卦，就是要免生疑惑，不自寻烦恼。

第643页“有天没日头”，释义为“比喻没根据。民国二十三年《霸县新志》：‘谚语无稽之话曰有天没日头。’”有天没日头，就是说大晴天没太阳，这是根本不可能发生的事。《霸县新志》的解释是对的，而“比喻没根据”则说岔了，远没有把这句话的含义表达充分。

第667页“掌厂”，释义为“掌管厂。厂，指东厂、西厂，是明代由宦官掌管的特务机构”。这里把一般的宫廷内府机构与作为特务机构的东厂、西厂混为一谈了。李瓶儿的老公公花太监是在惜薪司掌厂。掌厂就是当家掌权，主持公务。明代宦官机构有十二监、四司、八局，各有职掌。作为特务机构的东厂、西厂，一般多由司礼监掌管。而花太监所在的惜薪司显然不属于司礼监，也不可能掌管东厂、西厂。从原书描写看，花太监只是一个内府的富豪，而非权奸。

第675页“真材实料”，义项一释义为“名实相副”。似不确切。两个例句都是以“真材实料”与“趁汉精”、“趁来的露水儿”、“趁来的老婆”为对照。“趁”有得便宜勾引到手之意。“真材实料”着重在女方出嫁前的身份地位，应是指以真实的女儿身份明媒正娶为妻。吴月娘说：“我当初是女儿填房嫁他。”虽是填房，不是原配，但是是以女儿身份出嫁，仍然可以自称为真材实料。

第685页“指山说磨”，释义为“指着山上的石头说磨。比喻说话兜圈子，借此说彼”。这个成语不宜呆板地照字面直译。指山说磨不是指着山上的石头说磨，这样太直露了，而是心里想说山，嘴上只说磨，说话含蓄，不把目的直接说破，但又有意让人猜到几分，让人主动迎合自己。这是一种颇费心机的暗示艺术，所以例句称之为“远打周折”。

第 685 页“指东骂西”，释义为“指着这个人骂那个人”。同页“指骂”，释义为“指东骂西”，同页还有“指桑树骂槐树”以及“指猪骂狗”，释义均为“比喻指着这个人骂那个人”。似乎这四个词都是一个意思。实际上“指骂”是“指东骂西”的简略语。指东骂西是不指名道姓，但点着事情骂肇事的人。两处的例句讲的是一件事。小铁棍儿捡了潘金莲的一只绣花鞋，和陈经济换圈儿玩。被潘金莲告状告到西门庆那里，西门庆把小铁棍儿打得鼻口流血，昏死了半日。一丈青虽未点名却一味地海骂那个告状调唆打她儿子的人。而“指桑树骂槐树”、“指猪骂狗”则是表面上骂这个人，实际上是骂那个人，是借此骂彼，拐着弯儿骂人。“指东骂西”与它们的区别是明显的。

第 693 页“柱戗”，释义为“壮健挺得住”。例句有两个。一例是郑爱月儿劝病入膏肓生命垂危的西门庆吃点饭，一例是孙二娘劝装病不进食的春梅吃点饭。无论是西门庆还是春梅，当时都被看作是病弱无力的，不知“壮健挺得住”是从何说起。实际上“戗”在口语中是常用的。作为名词，是指支撑柱子或墙壁使之免于倾倒的木头；作为动词，则指用木头逆向支顶，也就是支撑住。“柱戗”合在一起，就是支撑的意思。

第 706 页“走时”，释义为“走运；交好运”。例句是“你若与凹上了，愁没吃的穿的、使的用的？走上了时，到明日房子也替你寻得一所。”作者误解了例句原文。“走上了时”是时间状语，“走上了”是修饰限定“时”字的，指来往多了的时候、关系密切的时候，比刚刚凹上时更进一步。“时”字不是动词“走”的宾语，不作时运讲。因此，这一词目应予删除。

以上所举多是释义方面有明显错误的例子。至于释义不贴切、不周密或有可商之处，例子较多，因限于篇幅，则不一一列举了。

注音方面也有可推敲斟酌之处。例如第 27 页“背蛤喇子”的“蛤”似应音 gā；第 116 页“得上得下”，作颠动讲的“得”应音 dē；第 336 页“掠”，作为“撂”的借字，就应读 liào，而不应读 lüè；第 362 页“抹牌”、“抹展”，“抹”字应读 mā；第 664 页“窄”，作为“拃”的借字，应音 zhǎ，而不是 zhǎi；第 674 页“摺儿”，“摺”应音 zhé；第 699～670 页“着”、“着家”、“着紧”、“着人”的“着”均应音 zhāo，“着直”的“着”应音 zhào 等。总之，本字、借字应分清，音义关系应协调一致。

此外还有一些技术性错误。例如第 701 页“子晋吹箫”，所举例句在人民文学出版社 1985 年排印本中已删节了，页码还照列。第 733 页“秃子包网巾——饶这一抿子儿也罢了”，也是排印本已删节了，页码还照列，让读者白费半天劲儿却检核不着。还有笔画索引是按起笔检索，第九画中不知为什么，把“省”字放在“乛”(横折)起笔中，让人百思不得其解！再如错字，第 332 页“刃薄背厚”，“厚”字误为“后”。第 389 页“道歉”误为“道欠”。第 522 页“白来创”误为“白来抢”。第 528 页“耍嘴片”误为“要嘴片”。第 534、535、540 页“傅伙计”均误为“付伙计”。第 612 页“秩序井然”误为“翅序井然”。第 705 页“曰走百病”误为“日走百病”。第 731 页“象没有角”误为“象没用角”。这些都是笔者浏览时顺手检出的例子。错字如此明显而未能校出，令人深思！

编词典确是一件非常不容易的事，千万马虎不得。总的来说，作者搜集的材料不少，但整理研究得不很够，文字表达也欠火候，无论释义或者注音，都还要反复推敲斟酌，在谨严、周密、细致上多下工夫。（郭征）

本文原载《古籍整理出版情况简报》总第 254 期，1992 年 1 月 20 日

读《苏辙集》偶拾

近来浏览了《苏辙集》部分篇章，感到这部书虽是经过认真整理的新版古籍，仍有若干可以改进的地方。

全书篇幅多达百万字，共分四册，而总目则大体以四种旧版苏辙文集为基础编定(各集另有子目)，后缀以补佚、附录、佚著辑考、篇名索引。总目如此简略，而且只注页码，不标明每一分册的起讫，于读者十分不便。读者要查某一部分，例如《栾城后集》，只凭页码难以确定其在第几册，翻检起来尚费猜测。总目如此，书后新编的篇名索引，也是只注页码，不标册数。作为检索工具，这样的索引比较让人遗憾。好在全书只有四册，如果再多几册，查起来就更麻烦了。目录也好，索引也好，都应以方便读者检索为依归。即使在发稿时尚未将分册方案完全确定，也可以预先留出适当地位，待方案确定后再填上，或者先按预案填写，在适当的校次中再做少许更改。总之，在编辑和排版工作中，给目录或索引标注册数并不是一件很困难的事情。只要认真多下点辛苦，就可以方便读者于永久，这种于细微处见精神的事情，应当引起书局的重视。中华书局整理的新版古籍，不少书对这件事有所忽略。不标明分册起讫，确属不方便。作为读者，恳切地希望这种缺憾日渐减少，以至消灭。

对于四种旧版的苏辙文集，总目分别注明了旧有的卷数，而整理者新增附的几个项目，独有《栾城集补佚》特别标明为“一卷”。仔细一查，这部分内容仅占三个页码，号称“一卷”，未免夸大，不如依例不标为好。

书后的篇名索引没有署名，不知编制者是谁，这还不要紧，重要的是连个凡例或说明也没有，也就是对编制的原则和检索的方法缺乏起码的交代。在“篇名索引”大字标题下，只有一个圆括号注明：“按篇名首字四角号码排列”，这是很不够的。因为篇名中不仅有首字相同的，还有不少首二字相同、首三字相同甚至首四字相同的。举例而言，仅首二字为“次韵”者就占了五个页码，约二百八十篇左右。它们的排列规律是什么呢？笔者臆测，似都是根据随后一字的四角号码大小依次排列，数字小者在前，数字大者在后。是否果真如此，没有十分把握。索引题为《苏辙集篇名索引》，试检结果，《栾城集补佚》及《苏辙佚著辑考》两部分中的篇名都没有收入。索引未能反映已知苏辙作品的全貌，其可靠性就打了折扣。另外，人们常用的汉字检索方法有三种：四角号码检字法、笔画检字法、音序检字法。三种方法各有长短，互为补充。单独使用某一种检字法，很难满足不同读者的需要。索引没有附上四角号码与另两种检字法的对照表(哪怕只附其中一种也好)，不熟悉四角号码者见之只能束手无策，这也是欠考虑的。

浏览所及，偶见标点不尽妥当之处，今择要举例如下：

第二册第 422 页倒第 1 行：“一切诸如来，惟于一性通。具足大神力，或坐微尘里。而转大法轮，或于一毛端。普见宝王刹，或于见在土。遍见一切土，彼此无坏相。或于见在土，直上忉利宫。人天相往还，而无有难相。……”(《闲禅师碑》)这是碑文中的偈语，五字一顿，十分简单，但由于逗号和句号使用不当，造成了层次紊乱。“通”字下句号应改逗号，“力”字下逗号应改句号。“一切诸如来，惟于一性通，具足大神力。”乃是通贯下文的总括之语。下文列举了八种“具足大神力”的情况，均以“或”字起头。因此，正确的标点应是“或坐微尘里，而转大法轮。或于一毛端，普见宝王刹。或于见在土，遍见一切土，彼此无坏相。或于见在土，直上忉利宫，人天相往还，而无有难相。……”无论从文义的连贯性看，还是从每句起头看，此处的错误都令人难以理解。另外，第 422 页第 4 行“颜色不勤摇，爪发日滋长”，实际就是碑文所记“既化，神色不变，须发剃而复出”。因此，句中“勤”字疑系動字之形误。

第三册第 1113 页第 2 行：“……取《楞严经》翻覆熟读，乃知诸佛涅槃正路，从六根入。每趺坐燕安，觉外尘引起六根，根若随去，即堕生死道中。根若不随，返流全一，中中流入，即是涅槃真际。观照既久，如净琉璃，内含宝月，稽首十方三世一切佛菩萨罗汉僧……”(《书楞严经后》)按，“正路”二字后的逗号应删去，“知”的内容是“诸佛涅槃正路从六根入”，重点在“六根”，强调六根才是涅槃正路的入门处。下文就是阐释这一观点的。“根若随去”与“根若不随”是将两种相反的情况对比进行分析，它们之间是并列分句的关系，因此，“即堕生死道中”后的句号应改为分号。前一分句讲的是六根不净即堕入红尘，后一分句讲的是六根清净即可超凡入圣。下文“琉璃”后的逗号应删，“如净琉璃内含宝月”是光明之中又有大光明，形容智慧观照所达到的大彻大悟的境界，中间不应截断。“稽首”以下乃是拜佛祈祷和虔心发愿的惯用语，又自为一句。

第1113页第10行：“其言曰：‘初入闻中，入流无所。所入既寂，动静二相。了然不生，如是渐增。闻所闻尽，尽闻不住。觉所觉空，空觉极圆。空所空灭，生灭既灭。’寂灭见前，若能如是。圆拔一根，则诸根皆脱。于一弹指顷，遍历三空，即与诸佛无异矣。”(《书金刚经后二首》)按，“相”字后的句号应删。“动静二相”是主语，“了然不生”是谓语，八字应连成一句。“生灭既灭”后的句号应改为逗号，下引号应后移四个字，“寂灭见前”后的逗号应改为句号。“见”读“现”。由于“空所空灭，生灭既灭”，于是达到“寂灭见前”的地步，这是佛教修行的一种高深境界。从“初入闻中”到“寂灭见前”，都是引录的《楞严经》中观世音的原话，所以下引号应移至“前”字后。“若能如是”提起下文，“是”字后句号应改逗号，“脱”字后的句号也应改逗号，“顷”字后逗号可删。从“若能如是”到“即与诸佛无异矣”是一个完整的假设复句，中间不应有句号隔断。

第1113页倒第3行：“既又读《金刚经》，说四果人须陀洹名为入流；而无所入，不入色声香味触法，是名须陀洹。乃废经而叹曰：‘须陀洹所证，则观世音所谓“初入闻中入流无所”者耶？’入流非有法也，唯不入六尘。安然常住，斯入流矣。”这段话里既有断句错误，又有标点错误。现分叙如下：《金刚经》后逗号应删，“人”字后应加冒号与上引号。四果人指须陀洹、斯陀含、阿那含、阿罗汉等佛教修行达到四种深浅不同果位的人。“《金刚经》说四果人”是指代《金刚经》中论述四果人的那些段落。“须陀洹名为入流”后的分号令人莫名其妙，应改用逗号。“是名须陀洹”后应加一下引号。引号中间的二十四个字是引录的《金刚经》原文。原用的句号应改为逗号，并移至下引号外。作者读到这里“乃废经而叹”，“乃”字前用逗号，语气才显得紧密而有转折。“曰”字后与“耶？”后的上下单引号都可以删去不用，因为“耶”字前后均是作者的议论，加了引号反而出现引号套引号的问题，对理解文义并没有帮助。“六尘”后的句号应改为逗号。“唯不入六尘，安然常住，斯人流矣。”这是一个完整的条件复句，不应割裂。

第 1115 页第 4 行：“然乐天每闲冷衰病，发于咏叹辄以公卿投荒、僇死不获其终者自解。予亦鄙之。”（《书白乐天集后二首》）按，“病”字后逗号应向后移四个字，“荒”字后顿号可删，“解”字后句号以改为逗号为宜。“每……，辄……”是古汉语中常见句型。“闲冷衰病发于咏叹”是一气贯通的。每当这种时候，白居易就要感慨一番。“投荒僇死不获其终”八字也是一气贯通的，共做“者”字的修饰限制之词。白居易自比于公卿中的这一类人，苏辙对此是不以为然的。

第 1115 页倒第 3 行：“既不住六尘，亦不住静六尘。日夜游于六根，而两不相染。此乐天所谓‘六根之源湛如止水’也。”按，“六尘”指色声香味触法，“六根”指眼耳鼻舌身意。由于标点断句错误，此处冒出一个“静六尘”，令人不知何谓。实际上“尘”字后句号应改为逗号并提前两个字，移至“静”字后，使“六尘”属下句，文义就清楚了。正确的标点应是“既不住六尘，亦不住静，六尘日夜游于六根，而两不相染。此乐天所谓‘六根之源湛如止水’也。”

唐宋以来，文人士大夫们往往出入佛老，参禅悟玄，寻求精神解脱。因此，整理唐宋文人的集子，如果不具备必要的佛学修养，遇到论述佛理禅机的文字，是很难不陷入被动的。上述标点断句的错误所以发生，恐怕主要原因在于整理者没有把原文真正读懂。

第三册第 1231～1236 页《书传灯录后》有个版面格式问题。这是作者读禅宗语录的心得笔记，“凡诸方妙语昔人有未喻者，予辄为释之，录之于左，凡十二章。”本篇正文均可分为两部分，每章的前半部分是抄录的传灯录原文，后半部分以“颍滨老曰”开头，为作者的心得与阐释。现在两部分均用同样的字体字号排，中间又缺少必要的间隔与版面变化，因此眉目不清。当初如果以不同的字体或字号相区别，或者采用转行低格等方式做点技术处理，版面上即可将两种文字区别得清清楚楚，一目了然。现在在“颍滨老曰”后面括以引号，版面区分不明显还在其次，遇到作者心得文字较长或征引较多时，引号就用乱了套。第 1233 页、1234 页、1235 页的第二段，就都有这种问题。为避免啰嗦，不详叙了。

介绍人物的生平事迹，应当尽可能依据第一手材料。《苏辙集》本身就是关于作者生平事迹的最主要的第一手材料。整理者在前言中介绍苏辙嘉祐六年回答宋仁宗策问的情况时，依据的是《宋史》本传。其实，第一手材料是收入本书第三册的《颍滨遗老传》，第1014～1015页对策问当时的情况有生动详尽的记叙(第1015页第9行"宰相韩魏公晒曰"，其中"晒"字恐系"哂"字之形误)。《宋史》本传中的有关记载当是据此撰写的。

整理者在异体字校改划一方面做了一番努力，这是十分可贵的，对语言文字的规范化和方便中青年读者是有益的。遗憾的是似乎做得不彻底。例如前言第14页第10行引《自写真赞》，有"悞入廊庙"句。查第三册第945页正文作"误入廊庙"。显然，前言所用为异体字，当改正。另外，前言第14页第12行引《寄内》诗，有"深居井中不见天"句。查第三册第915页正文，"井"原作"穽"。这两个字，形与义均不同，前言当据正文改正。前言第11页第6行引《丁亥生日》诗："困苦始知道，外世百欲轻。老聃本吾师，妙语初自明。"其第二句文义不明。经与正文核对，"外"系由"處"的简体字形近而误。四句诗在原作中分属两处，中间有删略，因此，"轻"字后、"老"字前应各加引号截断。前言在一部书中的地位，好比一个人的脸面，理应修饰得完美些。脸面上摆着缺点，不论多小，都会破相，影响观感，让人觉得别扭。(姜汉仁)

本文原载《书品》1992年第2期

《冥报记》初读献疑

方诗铭先生辑校的《冥报记》，在广泛调查充分吸取前人研究成果的基础上，做了大量辑录、考订、辨伪的工作，使这部唐代早期的小说集能够以比较完备可靠的新面貌刊行于世。称《冥报记》是小说集，这完全是后人的看法。原作者唐临的想法不是这样的，他把这些讲因果报应的社会传闻当作历史实录撰写下来，是希望“征明善恶，劝戒将来”。在写法上，他坚持两条，一是“具陈所受及闻见由缘”，表明言必有据，并非杜撰。二是“言不饰文，事专扬确”，以简古而质朴的文字来记叙，目的只在于劝善惩恶，弘扬正信。唐临恪守自序中所作的声明，传世各篇绝大多数都具体切实地交代了来源出处，涉及闻见由缘的人物一般在史传中均历历可考。作品文字古朴无华，也是一读自明的事实。小说总要有艺术虚构和文学描写。从写作原则来讲，《冥报记》原本不是小说创作。从《旧唐书·经籍志》到日本国的《见在书目录》，《冥报记》都列在史部杂传类。《新唐书·艺文志》著录过两次，既列入史部杂传类，又列入子部小说家类。到了《宋史·艺文志》和《直斋书录解题》，才完全列入小说类。《冥报记》本身没有改动和变化，变化了的是社会思潮和文化观念。在《冥报记》产生的唐代前期，佛教盛行，六道轮回因果报应的思想流行于世，即使在达官贵人和文人雅士中间也影响很大。唐临撰写时确定的两条原则，反映了信仰者的真诚。到了宋代及其以后，因果报应思想的传布却因其浅陋质直而逐渐下移，逐渐沦为社会下层人群的思想，演变为俗文学的主题之一，文人士大夫们转而趋向于更高雅更富于文化色彩的理论思辨和诉诸神秘直觉的参禅悟玄之中。原来为佛教善男信女们深信不疑的

《冥报记广异记》书影

社会传闻，不再被看做真实可靠的史传杂录，而是被看做虚构的文艺作品，《冥报记》因此而被著录为小说。从这个角度来讲，除了在小说史上的地位和价值值得重视而外，《冥报记》对研究隋唐时期的宗教信仰、社会风俗和伦理观念等，也有一定的参考意义。剔除其迷信色彩，书中有些记载也有一定的史料价值。

辑校本一方面取得了很大成绩，而另一方面在校勘上也有些疏漏，令人有功亏一篑之感。笔者通读此书时，遇到一些觉得窒碍难通的地方，有所怀疑，经过查考，略有所得。有的问题因资料不足，一时无法断定，只能献疑。

方先生在“辑校说明”中说到：“唐代经生书体的常见别字，径改为正字，不作校记。”这条原则无疑是正确的，可惜书中并不完全是这样做的。如第 34 页《隋释信行》条“仏”(佛)字凡三见，“弖”(卷)字凡两见。这两个字在书中多次出现，它们不见于常用辞书，这叫普通读者到哪里去查呢？第 89 页、90 页多次出现的“儞”字，是《康熙字典》都未收的字。把这种冷僻难查的别字、俗字随手改为正字，会给读者提供不少方便，而对于整理者来说是轻而易举的事情。第 67 页第 3 行(《唐孔恪》条)有一个“厶”，其实是“某”的借字。改为正字，则好讲易认；使用借字，则难于查检。一般词典往往只注为“私”字，在这里又不大讲得通。还有第 69 页《唐窦轨》条四次出现“苽”字，为什么不改正为“瓜”字呢？笔者以为：经过整理的新版古籍是以范围比较广大的读者为对象的，应当重视语言文字的规范化，应当考虑为新一代中青年读者提供方便，而不必泥古。

卷首唐临《自序》既不见于目录，本身也没有标题，这是不妥当的。

第 1 页第 4 行“疑见多端，各怀异执，释典论其分别，凡有六十二见，耶倒于是乎生者也。”(唐临《自序》)其中“耶倒”一词难以解释。按，“耶”乃“邪”字之形误。佛教把不符合教义的认识称之为邪见。《妙法莲华经·方便品》就有六十二邪见的说法。推测致误之由，现今版刻各本《冥报记》是以日本所存古写本为依据的。日本存古本中高山寺本最古，另外还有三缘山寺本和知恩院本。本书第139页～140页所载日本内藤虎“影印高山寺藏古钞本《冥报记》跋”中说：“其上卷体杂行草……中卷上半行草，下半正书；下卷全系正书。”因此，一个可能是写本本身传抄致误，再一个可能是写本本身不误，但由于体杂行草等原因，后人在刻版时辨识不精而误。

第3页倒第4行“初，其母无子，久以为忧。……母日夜祈念，顿之有娠，生信行”(《隋释信行》)。其中“顿”字显系“顷”字之形误。

第6页倒第5行“初，此地无水，慧彻常远汲山下以自供”（《唐释僧彻》)。按，本条前均称“僧彻”，独此处称“慧彻”，此“慧”字疑为“僧”字之笔误。《大正藏》本及《卍字续藏经》本均作“僧”字。

第6页倒第1行小字“彻弟子实秦等及州人并说云尔也。”其中“秦”字疑系“泰”字之形误。僧人法名中“泰”字较常见，“秦”字则无所取义。手写体中二字极易混淆。

第9页倒第5行“或时为人收牛驾车”(《唐释道英》)。其中“收”字应为“牧”字，《大正藏》本及《卍字续藏经》本均作“牧”字。二字形近而误。

第12页倒第3行“憎以与糜令坐食，食毕，又与鞋令着之”(《北齐冀州人》)。按，“憎”应为“僧”字，二字形近而误。“与糜令坐食”以及“与鞋令着之”，联系前后文看，全句的行为主体应是僧，作“憎”误。

第14页倒第4行“遂從家扬州，家转富，大起房廊，为写经之室”(《陈严恭》)。按，“從”字应为“徙”字，形近而误。前面讲到，“扬州严恭者，本泉州人，……父子惊叹，因共往扬州，起精舍，专写《法花经》。”由泉州居扬州，则必为“徙家”无疑。

第23页倒第7行“江都孙宝本是北人，隋末從居焉”(《隋孙宝》)。按，“從”字亦应为“徙”字，形近而误。本是北人，移居江都，因此是“徙居”。

第39页倒第5行“河南元大宝，贞观中为大理丞，一性不信因果之事”(《唐元大宝》)。按，“性”字似是“生”字之笔误。《大正藏》本及《卍字续藏经》本均作“生”字。

第51页第4行“及其死，家人以囊盛土，厭奴煞之，马则未煞”(《北齐仕人梁》)。按，“厭”字应是“壓”字，因字形残损而致误。《大正藏》本作“壓”。本书第121页《冥报拾遗·唐馆陶主簿周》有类似记叙：“二人乃以土囊壓而杀之”，可作参证。

第 51 页第 5 行“在门所迳一宿。”句中“迳”字讲不通。《大正藏》本作“经”字。二字形近而误。

第 60 页倒第 5 行“至曰午，果有人牵驴一头送来”（《隋洛阳人》）。按，句中“曰”字当是“日”字之形误。“日午”表示时间，与上文的“一旦”相呼应。早上预言的事，中午就应验了。

第 67 页倒第 5 行“生来有罪，皆录不遗，生来修福，合无记者，岂非滥耶?”（《唐孔恪》）按，句中“合”字讲不通。《大正藏》本作“令”，也不大好讲。笔者疑其为“今”字之形误。前文记叙冥官一件一件地向孔恪问罪，根本没有提到孔恪所做的任何好事，因此，孔恪临受罚前大声喊冤，骂“官府亦太枉滥。”句中正是以“皆录不遗”与“今无记者”做鲜明的对照。“今”与“合”乃形近而误。

第 90 页首行“操于后时，便向慧请禅师处改过忏悔”（《唐杨师操》）。按，“请”字用于僧人法名殊少见，《卍字续藏经》本作“靖”，疑是。

第 91 页首行“叔见阐化，深惭昔亹”（《隋释慧云》）。按，“亹”字在这里讲不通，当是“舋”字之形误。舋，本字作“釁”，此处作仇隙讲。上文讲到其叔从前三次持刀欲杀慧云，因故未曾得手。现看到慧云名德高远，信徒众多，因而对过去的罪恶打算心生惭悔。此例也是形近而误。

第 93 页倒第 6 行“是青羖牸羊”（《隋赵文若》）。按，“牸”为字书所无，应为“牸”字之误。“牸”，从牛从字，原指牝牛，后泛指雌性牲畜。字乃孕育义，为“牸”的义符，现在写成“孛”就无所取义了。

第 111 页第 3 行“牸牛产一赤犊子”，错误同上。

第 101 页倒第 2 行“太宗大恕，处以极刑”（《冥报拾遗・唐清禅寺》）。按，从上下文判断，“恕”乃明显错字，应改为“怒”。《卍字续藏经》本作“怒”。二字形近而误。

第 108 页第 8 行 “会师见其意止，乃屈请市北大街中，正是已店北大墙后作小舍安置，每日送食。”（《唐王会师》）句中“止”字讲不通。上文叙述到王会师之母受报转生为狗，挨了新妇的打，羞愤难忍，不肯回家。王会师“抱以归家，而复还去，凡经四五。”若作“止”字，就应当是同意回家了，现在情况相反。《卍字续藏经》本作“正”字，疑是。“正”有坚定不移之意。“会师见其意正”，是说王会师看出它不肯回家的意向非常坚决，于是只好另找地方安置。

第125页第2行“知十怒家人曰：‘用柴十倍于常，不知何意。’如此更命重煮，还复如故”(《唐韦知十》)。按照目前的文字和断句理解，似是韦知十怒斥家人用意不良，故意怠慢。这与上文不符，于情理也不合。这里似有断句问题。“怒”字下应加一逗号，“用柴”云云是家人为自己辩白的话。“意”字疑是由“竟”字形近而误，“竟”表示意外。“如此”二字应连上读，特指“煮一羊脚，半日犹生”的反常情况。下文“还复如故”，“如故”也是指这种反常情况。“如此”、“如故”是前后照应的。依此理解，这段文字可标点为：“知十怒，家人曰：‘用柴十倍于常，不知何竟如此？’更命重煮，还复如故”(直到最后才找到原因，羊脚里藏一个显灵的小铜像)。

归纳起来，上列文字和校勘问题，大致可分为三种情况：一是唐代经生书体的常见别字，依方先生“辑校说明”的校例，可径改为正字，这是极少数。二是大正藏本或卍字续藏经本不误而辑校本漏校的，计有14例。(附带声明一下，笔者在分析文字校勘问题时，着重于理校，着重于上下文义的推勘，如无十分必要，不逐一列举版本异文。)三是可能各本皆误但从上下文义可以推断出应作某字的，计有6例。至于是否各本皆误，由于手头资料的限制，笔者也难于肯定。根据方先生“凡属明显的讹舛衍脱，皆改补出校”的规定，第二种情况有一定的版本依据，是应当改补出校的。第三种情况虽然暂无版本依据，是否属于明显的讹舛衍脱也仁智之见不同，难以完全肯定，但也不妨写一条理校性质的校记，以供读者参考。

还有一个问题值得警惕，就是上列问题中有没有方先生辑校本原稿不误而在排校过程中新发生了错误的情况？例如“僧”错成“憎”，“日午”错成“曰午”，“大怒”错成“大恕”，笔者曾疑其为排校错误，因未见辑校本原稿，又无其他证据，终于不敢妄断。但是，这种事情需要特别警惕，因为旧版中的问题没有完全解决，新版中反而增添一些错误，最是古籍整理出版工作的大忌。我们千万不能掉以轻心！(梁岩)

本文原载《书品》1992年第3期

《宋史翼》人名索引试补

为古籍图书编制人名索引，是提高图书资料使用价值的重要手段，也是提高历史研究水平所必需的一项基础工作。不少学者都很重视这项工作，积极参与编制索引，这是令人欣喜的。但是，如何提高索引的质量，如何在研究工作的基础上编制高水平的索引，仍然是一个值得研究的课题。一般的索引，不少是抄抄卡片归纳汇总而成，对于史籍中并不稀见的同名异实、同实异名、有姓氏无名号、有名号无姓氏等疑难或遗留问题，有的善于藏拙，略而不提，有的不加深考，原文照列。索引中存在的这种缺陷，使用者一般难于觉察。其实，索引的质量主要表现在两个方面：一是是否完备周密而无遗漏。这一点比较容易做到，只要细心，只要多核查两遍就可以。二是对前述种种疑难和遗留问题解决得如何。这一点比较困难，要靠编者的史学素养和分合考订功夫。

影印本《宋史翼》书后附有人名索引。对于疑难和遗留问题，编者采取了“知之为知之，不知为不知”的老实做法，一一予以注明，而且态度比较审慎，有的注“不详所指”，有的注“疑为某某”，坦诚地将索引本身的不足明示于人。对于这部索引摆在明面上的遗留问题，笔者试图做点补充。至于正确与否，则有待读者批评指正。

索引第 11 页第 1 栏两个单独的“谢”字均注“不详所指”。这里先说第一个“谢”字。原文见《宋史翼》(以下凡引《宋史翼》原文均不再注书名)第十六卷第十三页：“雄子昱，志士也，好读周程张邵吕谢杨尹之书。”这是宋代著名理学家的八个姓氏连称。周指周敦颐，程指程颢、程颐，张指张载，邵指邵雍。这是著名的“北宋五子”，是理学的开山祖师及奠基人。

接下来是辈份低一点的，吕指吕大忠、吕大钧、吕大临三人，谢指谢良佐，杨指杨时，尹指尹焞。索引第24页第3栏第1个“张”字即是此句中的张载。张载有时又称“张子”。索引第25页第3栏中的“张子”即是张载。(原注“疑为张栻”，误，辈份差远了。)原文见第二十五卷第十页“淳祐元年奏请以周程张子从祀。”周程也称周子、程子，不过“子”字从下省了。此三姓并称也是理学史上一种惯常用法。索引第35页第3栏“尹”字，注“疑为尹焞”可改为“指尹焞”。尹焞，字彦明，一字德充。靖康元年赐号“和靖处士”，人称“和靖先生”。索引将尹和靖、尹焞分列，应予合并。

索引第83页第3栏“范”字，注“此处称吕范，不详所指。”与索引第117页第2栏第1个“吕”字同一出处。原文见第八卷第二页“(李)复以吕范诸子为后辈，然犹及横渠之门。”《宋元学案》第三十一卷《吕范诸儒学案》有李复传，题曰“修撰李潏水先生复”。文中谓“先生于吕范诸子为后辈，然犹及横渠之门”。一个是“以”字，一个是“于”字，文义差别颇大。核诸史实，李复年辈晚于吕范诸人，因此，“于”字是而“以”字非，只是影印本不做校勘，无从出校勘记。依《宋元学案》，“吕”指吕大忠、吕大

钧、吕大临三兄弟，范指范育，都是关学的重要传人。

索引第101页第3栏第1个和第3个“杨”字，均注“不详所指”。其原文一见于第二十九卷第十一页《陈耆卿传》：“叶适见之，惊诧起立，序其所作，以为学游杨而文张晁。”陈耆卿，字寿老。《叶适集》有《题陈寿老论孟纪蒙》，其中一段文字是这样的：“凡二程所尝讲，皆曰至是止矣。其密领亲承，游、杨、尹、谢之流，而张、吕、朱氏后时同起，交阐互畅，厥义大弘，无留蕴焉。”联系起来分析，游、杨当指二程门人游酢与杨时。另一处原文见于第十六卷第十三页，前面分析过，杨指杨时。

索引第104页第1栏“胡”字，注“不详所指”。原文见第十六卷第十五页《虞刚简传》“湖中亲炙胡张者多，而得其学如此者鲜矣”。传文前面记叙说：“方会文讲学，以明湖湘之绪。刚简因是得和齐斟酌，尽闻胡安国父子以至张栻所讨论于岳麓者而致精焉。”因此，胡当指胡安国父子，张当指张栻。本索引漏载此一“张”字，应补上。

索引第119页第1栏“吕氏”，注“此指吕大忠”。原文见第二十五卷第十五页：“又举行吕氏乡约，冠婚丧祭悉用朱氏礼。”按，吕氏乡约乃吕

大钧所制订，吕大忠乃吕大钧之长兄。《宋元学案》第三十一卷有“教授吕和叔先生大钧”传，传中说：“横渠之教，以礼为先，先生条为乡约，关中风俗为之一变。”传后附有吕氏乡约全文。

索引第11页第1栏第2个“谢”字，以及索引第101页第2个“杨”字是同一出处，索引均注“不详所指。”原文见第二十九卷第十二页《刘克庄传》：“轮对言：服天下莫若公，今失之私；镇天下莫若重，今失之轻。杨谢贵胄，联翩华途，沂荣鱼轩，融泄广内……”据传中记载推算，此次轮对当在理宗初年。杨指宁宗时的“恭圣仁烈杨皇后”，谢指“理宗谢皇后”。杨皇后曾与其兄杨次山合谋，依靠史弥远杀了权臣韩侂胄，后又与史弥远合谋矫诏废先帝所立皇子竑，立昀为皇太子，即帝位，是为理宗。理宗尊杨皇后为皇太后。谢皇后是因为其祖父谢深甫有援立杨太后功，被杨太后选妃入宫，不久即册为皇后。杨太后以私恩扶立谢皇后，两家宗族男女也多任通显要职。事详《宋史》第二百四十三卷。刘克庄的奏疏敢于批评到皇亲贵戚，所以“疏出，魏了翁、游似见而击节，曰：二刘后有此佳儿。”

索引第24页第3栏第2个“张”字，注“不详所指，似与29/11A同指一人。”也就是与第3个“张”字同指一人。索引第116页第1栏的两个“晁”字，注“疑为晁补之。”两个姓氏，出处是联在一起的。原文一见于第二十六卷第十二页《谢逸传》：“黄庭坚尝曰：使斯人在馆阁，当不减晁张。”一见于第二十九卷第十一页《陈耆卿传》：“(叶适)序其所作，以为学游杨而文张晁。”《叶适集》有《题陈寿老文集后》，其中一段话是这样的：“元祐初，黄、秦、晁、张，各擅笔墨，待价而显，许之者以为古人大全，赖数君复见。”这就是北宋后期著称于世的苏门四学士，黄指黄庭坚，秦指秦观，晁指晁补之，张指张耒。《宋史》第四百四十四卷文苑六《黄庭坚传》谓：“与张耒、晁补之、秦观俱游苏轼门，天下称为四学士。”《晁补之传》谓：“元祐初，为太学正，李清臣荐堪馆阁，召试，除秘书省正字，迁校书郎，以秘阁校理通判扬州，召还，为著作郎。……徽宗立，复以著作召，既至，拜吏部员外郎、礼部郎中，兼国史编修、实录检讨官。”《张耒传》谓：“弱冠第进士。……入为太学录，范纯仁以馆阁荐试，迁秘书省正字、著作佐郎、秘书丞、著作郎、史馆检讨。居三馆八年，顾义自守，泊如也。”从以上引录的文字可以确证无疑，张为张耒，晁为晁补之。

索引第 118 页第 2 栏“吕著作”，著作为官职，应考实为何人。原文见第十四卷第五页《吴儆传》：“朱子见之曰：往见张荆州、吕著作，皆称吴邕州之才。今读其文，又有以见其所存矣。”按，吕著作为吕祖谦，因其曾任著作郎，故名。《宋史》第四百三十四卷儒林四有传，谓其“长从林之奇、汪应辰、胡宪游，既又友张栻、朱熹，讲索益精。”张栻曾知江陵府，故称张荆州。

索引第 126 页第 1 栏第 3 个“刘氏”，注“不详所指。”其原文见第十八卷第十七页《黄照传》：“(嘉祐六年)照当使广南，受命即行，奏蠲伪刘以来丁米，民始不以多男为患。”按，此处的“伪刘”当指南汉割据政权的刘氏，其最后一个君主是刘鋹。黄照出使的广南地区正是南汉政权的旧地。

索引第 139 页第 1 栏“公孙”，注“不详所指。”原文见第六卷第十一页《李新传》：“淮南衡山称戎，而公孙自以为无功居位，使诸侯有叛逆之谋。”按，此“公孙”是汉武帝时的丞相公孙弘。《史记》第一百一十二卷《平津侯主父列传》记载：“淮南、衡山谋反，治党与方急。弘病甚，自以为无功而封，位至丞相，宜佐明主填抚国家，使人由臣子之道。今诸侯有畔逆之计，此皆宰相奉职不称，恐窃病死，无以塞责。”《李新传》中文句乃概述此一史实。

索引第 142 页第 2 栏“节”字，注“其人不详。”原文见第十七卷第三页：“(陛下)或畀以麾，或授以节，曰：吾自除吏也。”按，此“节”字与“麾”字相对仗，非人名，乃作为权力凭证的符节。索引编者断句不当，将“节”字属下读，遂产生误会。此条当删。

另外，濂洛关闽是宋代理学的四个主要学派，即以周敦颐为代表的濂溪学派，以程颢、程颐为代表的洛学或伊洛之学，以张载为代表的关学，以朱熹为代表的闽学。以其讲学地区为命名依据。索引凡例称其为“以郡望代人”，似不妥。

一般人以为，编索引只是抄抄卡片排排次序的简单事情，实际解决其中的疑难却并非易事。要把索引编好，编得令人比较满意，非熟悉当时历史不可，也非花力气下功夫不可。愿有志于编索引者都肯下功夫把索引编得尽可能完美些。(郝新)

本文原载《书品》1993 年第 2 期

《广异记》琐评

辑校本《广异记》的出版是一件好事。方诗铭先生以《太平广记》为依据，做了大量辑佚、考证、辨伪、校勘的工作，使这部亡佚多年的作品能够重新以比较完整的面貌和读者见面，为唐代小说史的研究做出了积极的贡献。

《广异记》是从六朝志怪发展到唐代传奇的过渡期中一部有代表性的作品。研究《广异记》的写作特点，对于了解古代小说发展演进的轨迹有重要意义。唐代佛教盛行。在相当长的一个时期里，因果报应、六道轮回、地狱冥府的思想信仰流行于世，无论帝王贵胄官僚仕宦，还是渔民耕夫商贾仆妇，无不虔诚敬信，深受影响。经像应验的故事、地狱罪罚的传说、神仙鬼怪的异闻，都是当时人们精神生活中的一个重要组成部分，直接对人们的立身行事有重大影响，这和后代人以神仙故事作为茶馀饭后的谈资是大不一样的。鲁迅先生在《中国小说史略》一书中论到“六朝之鬼神志怪书”时曾说：“文人之作，虽非如释道二家，意在自神其教，然亦非有意为小说，盖当时以为幽明虽殊途，而人鬼乃皆实有，故其叙述异事，与记载人间常事，自视固无诚妄之别矣。”《广异记》虽然是唐代作品，却仍然保留了这一重要特点。书中所记奇闻异事，篇幅简短者居多，而且大多数都文字简洁，叙事质朴，注意交代时间地点，体现了记叙文章的特点。多数记事的主旨则重在征实与劝惩。在文字上，有的篇章直接点明故事来源，与《冥报记》撰者唐临“具陈闻见由缘”十分类似，有的则借著名的史事人物或寺庙宫观等显示其真实性，有的干脆标明来自社会传闻。总之，撰集者力图表明这些故事都是有根有据的，决非撰者自己作意幻设，向壁虚造。

篇中直接点明故事来源，包括作者亲见亲闻的，有下列诸篇：

一、《刘清真》——“中山张伦亲闻清真等说云然耳。”(第6页)

二、《慈心仙人》——“浙东押衙谢诠之配得一婢，名曲叶，亲说其事。”(第8页)

三、《颍阳里正》——“颍阳里正说”(第64页)

四、《王法智》——“(大历)六年二月二十五日夜，戴孚与左卫兵曹徐晃、龙泉令崔向、丹阳县丞李从训、邑人韩涓、苏修集于(郑)锋宅，会法智至，令召滕传胤。”(第65页)

五、《裴盛》——“董士元云”(第80页)

六、《李叔霁》——“吴郡朱敖尝于陈留贼中识一军将，自言索得李(叔)霁妇云。”(第95页)

七、《韦璜》——“见其(潞城县令周混)亲说云尔。”(第106页)

八、《薛万石》——“亲见家人白之。”(第107页)

九、《梅先》——“自(梅先)说，”“令送其还，遂活，说其事。”(第134页)

十、《河南府史》——“数日复活，自说初被追……”(第146页)

十一、《奴官家》——“开元末，明州刺史进三十馀事。”(第156页)

十二、《刘荐》——“荐每向人说其事。”(第171页)

十三、《虎妇》——“刘全白亲见妇人，说其事云。”(第176页)

十四、《天宝彍骑》——“崔懿御史大夫尝为邯郸尉，亲见其事，懿再从弟说之。”(第185页)

十五、《崔怀嶷》——“嶷外孙王汶自向余说。”(第186页)

十六、《刘众爱》——“唐刘全白说云，其乳母子众爱……”(第215页)

十七、《宋溥》——“宋溥者，唐大历中为长城尉，自言……有谈众者亦云，幼时……”(第220页)

十八、《张骑士》——“张骑士者自云，幼时随英公李勣渡海……”(第223页)

十九、《南海大鱼》——“岭南节度使何履光者，朱崖人也，所居傍大海，云亲见大异者有三。”(第230页)

二十、《南海大蟹》——“近世有波斯，常云……”(第231页)

篇中以著名人物的活动或存亡以及寺庙宫观的现状等显示其真实性的有下列诸篇:

一、《仆仆先生》——“州司画图奏闻，勅令于草屋之所立仆仆先生庙，今见在。”(第3页)

二、《石巨》——“怀仙(幽州刺史李怀仙)以所求灵验，乃于巨宅立庙，岁时享祀焉。”(第8页)

三、《边洞玄》——“时刺史源复与官吏百姓等数万人皆遥瞻礼。”(第13页)

四、《辅神通》——“蜀州刺史奏神通晓黄白，玄宗试之皆验。”(第15页)

五、《僧道宪》——“今江州大云寺七菩萨见在，兼画落水事云耳。”(第25页)

六、《张纵》——“时殿下侍御史李萼左迁晋江尉，正在王家餐鲙，闻纵活，遽往视之。”(第35页)

七、《吕諲》——“諲时与妻兄顾况同宿，既觉，为况说之。”(第38页)

八、《豆卢荣》——“宝应初，临海山贼袁晁攻下台州，公主女夜梦一人……”(第42页)

九、《杜万》——“大历中，母子并存。”(第114页)

十、《杨再思》——“供膳既活，多向人说其事，为中宗所闻，召问，具以实对，中宗命列其事迹于中书厅记之云。”(第135页)

十一、《六合县丞》——“天宝末，其人尚在焉。”(第142页)

十二、《勤自励》——“寻而月明，后果一虎至……又为自励所杀，乃负妻还家。今尚无恙。”(第172页)

十三、《洴阳令》——“今新罗有刘成神，土人敬事之。”(第203页)

十四、《张镐》——“永泰中，都督张镐修之不疑，……后七日，镐薨，判官郑从、南昌令马皎，二子相继而卒。”(第225～226页)

十五、《檐生》——“天宝末，独孤遐者，其舅为范令，三月三日，与家人于湖中泛舟，无故覆没，家人几死者数四也。”(第227页)

文中标明“世传”或“时人”云云的，也有一些篇章。例如:

一、《李仙人》——“时人以为天罚焉。”(第10页)

二、《三刀师》——“时人呼为‘三刀师’，谓是起敬菩萨。”(第 20 页)

三、《太华公主》——“世传太华公主者，高宗王皇后后身……”(第 154 页)

四、《杨氏女》——“故今人相传，云伊祈熟肉辟狐魅，甚有验也。”(第 211 页)

五、《王老》——“今世人有不了其事者，相戏云：‘取睢阳野狐犬。’”(第 215 页)

六、《李麐》——“唐天宝末，子年十馀，甚无恙。”(第 219 页)

七、《李苌》——“天下共传‘司户孔子’。”(第 221 页)

八、《李齐物》——“郡城南楼有白烟，刺史不改即死，土人以为常占。”(第 225 页)

九、《谢二》——“时人云，以为谢二所损也。”(第 232 页)

以上粗略列举，难免会有遗漏。

除了上述较为显明的意在使人敬信的文字标志而外，《广异记》全书所记都是作者当时或者近世的事情，没有年代悠远的荒唐之言，因此全书令人读来有亲切实在之感。该书浓厚的宗教色彩和撰集者本人的思想信仰是密不可分的。书中《王法智》一篇特别值得重视，它是戴孚的亲身经历。这实际上是一次请神降神活动，戴孚本人深信不疑，并且把它记叙得十分生动传神，取得了现身说法的效果。顾况的《戴氏〈广异记〉序》称戴孚“虽景命不融，而铿锵之韵固可辅于神明矣。”可说是知音之言。

《广异记》重在记叙奇闻异事，没有着意描写刻画人物，一般篇幅是简短的，语言是白描的。不少篇叙事简洁而首尾完具，情节曲折而时有波澜，但没有繁缛的铺叙，没有华艳的词藻，缺少心理描写和人物对话，主要是随着人物的行动展开情节。有些篇的故事相当动人，人物形象却不够鲜明丰满。因此，既和“粗陈梗概”的六朝志怪不同，又和刻意写人的唐代传奇异趣，显示了它的过渡性。它储备了丰富而生动的文学素材，多方面地启迪了艺术创作的灵感，为传奇文学的兴盛发展提供了某些方面的营养和借鉴。笔者对此问题缺乏研究，只是作为一名古典文学爱好者谈谈读后印象。读者如有研究兴趣，不妨参读程毅中先生的《唐代小说史话》(文化艺术出版社 1990 年 12 月第 1 版)。

读书过程中，遇到一些文字疑误之处，取中华书局 1961 年新一版排印本《太平广记》予以检核，现条列如下，供方诗铭先生和出版者参考。

书前《戴氏〈广异记〉序》第 1 页第 9 行“汤之间革以语怪”，第 10 行“故汉文帝召贾谊间鬼神之事，夜半前席”。取中华书局影印明刻本《文苑英华》相校，两个“间”字均为“问”字，乃形近而误。后一典故，古代诗文中常见引用，如著名的李商隐《贾生》诗：“可怜夜半虚前席，不问苍生问鬼神。”按理说，这里的错字应该是容易发现和改正的，现在却出现在开卷第一篇上，未免令人遗憾。

正文第 22 页倒第 3 行“都不见人，但馀堂宇閴寂”(《刘鸿渐》)。其中“閴”字误，应为“闃”(寂静无声)，形近而误。

第 31 页第 6 行“原昌召入，相见悲喜”(《李洽》)。“原”应为“元”，音同而误。前后三处均作“元昌”。

第 32 页第 8 行“此持《如意輪咒》之功也”(《王乙》)。“輪”应为“輪”，形近而误。本篇首句所称即不误。

第 33 页第 6 行“病亟草草，遂忘遣嘱，坐是受妄语报，罹此酷罚”(《钳耳含光》)。其中“遣”字系“遺”字之误。前句讲到“昔欲终时”，此处显然应为“遺嘱”，形近而误。

第 45 页第 3 行“何物小人，逛惑诸下!”(《李进士》)句中“逛”字不通，应为“诳”字，欺骗之意。

第 58 页末行“内出外人，相遇便合，方知先还即其魂也”(《仇嘉福》)。句首“人”字应为“入”字，形近而误。内外、出入皆相对为文。外出者魂(即先还者)，内入者身(即后返者)，所以相遇便合。

第 66 页第 2 行“佐时因辞不果”(《李佐时》)。“因”字应为“固”字，形近而误。

第 69 页第 3 行“留数人，主人极欢”(《阎庚》)。“数人”应为“数日”。上门访问的只有阎庚与张仁亶二人，不存在“留数人”的可能。

第 72 页首行“中夕之后，喜谓玚曰：‘今日且幸免其即来，明日……’”(《杨玚》)句中“今日”应为“今夕”，盖承上“中夕之后”而为言，此处乃涉下文而误。

第 83 页首行“即浑涕诀”(《李回秀》)。“浑”字应为“挥”字，形近而误。

第 87 页第 5 行“己应必死，君若有情，回日过访，以慰幽魂耳!”(《王乙》)句首“己”为“已”字之误，形近而误。李氏女因脚伤“痛不可忍”，预断伤情趋势将危及生命，而不是分析“谁”应必死。

第148页末行“李及者，性好饮酒，未當馀沥”(《李及》)。“當”字应为“嘗”字，形近而误。性好饮酒，所以每次都喝得一点不剩。

第182页首行“巨麟惊愕，搜使者怀中，得利匕首”(《刘巨麟》)。“使者”应为“死者”，音近而误。此乃承上句“忽咋一从者喉中，顷之死”而言。

第195页倒第3行“诸君等为贵官家神，职任不小，何故今媚狐入宅?”(《长孙无忌》)句中“今”字应为“令”字。这是崔参军呵斥众家神失职的话。

第195页末行“去少顷复来，各著刀箭，云：‘适己苦战被伤，终不可得。’”(《长孙无忌》)句中“己”字应为“已”字。因为捉狐不得，反而各著刀箭，所以才说“适已苦战被伤”。

第203页第3行“此符旧日无能，今已善符箓，吾所不能及，奈何!”(《汧阳令》)前一“符”字应为“狐”字，此涉下文而误。

第206页第9行“韦氏自尔甘奉其女，无复觊望”(《韦明府》)。“觊”字应为“觇”字，形近而误。

第206页倒第3行“八叔房小妹，令颇成人，叔父令事高门”(《韦明府》)。前一个“令”字应为“今”字，涉下文而误，形近而误。

第228页第5行“马行百里犹倦，令反行千里馀，宁不瘦耶?”(《户部令史妻》)句中“令”字应为“今”字，形近而误。

第230页第6行“其二日，海中有洲”(《南海大鱼》)。句中“日”字应为“曰”字，形近而误。上文有“云亲见大异者有三。其一曰……”，下文有“其三曰……”，这里是讲第二件大异的事情。

第231页末行“其蟹常好与山神斗，神多不胜，甚惧之。令其螯出，无忧矣”(《南海大蟹》)。其中“令”字应为“今”字，形近而误。上文讲到“俄见两山从海中出，高数百丈。胡喜曰：‘此两山者，大蟹螯也。……’”“今”字紧承上文而来，是对眼前情况的判断。

第244页第5行“当饥，就我求食”(附录一《类说》引十八条，第三条)。“当”字应为“鼠”字，可对照正文第191页《魏元忠》。

第256页第9行括号中“宗祥案：后二则，二十七卷本未见”(附录二原本《说郛》引五条，第五条)。句中“七”字恐系衍文。本书《辑校说明》第

6页引此案语作“二十卷本”，而且紧接着又两次连称“二十卷本”。

上列二十五处文字错误，多数并不复杂，只要认真阅读原文，注意分析文义，就能发现和改正。新版古籍的错字率居高不下，实在令人忧虑。古籍整理出版是文化积累性质的工作，即使不能锦上添花，至少也要不添错才好。现在不添错成了一件难事，原因当然很复杂。但是，既然有了错字，就要查明情况，分析原因，吸取教训，有针对性地采取措施，切实抓下去。只要不懈地努力，减少和消灭错字总是有希望的。

本书在校勘和标点断句方面还有一些可以商榷的问题。先说校勘上的。

有些文字上的讹脱衍倒问题，虽然没有其他版本的异文可做校勘的依据，但是根据本书内证可以进行理校，这样的地方可以不改本文而写一条校勘记。例如第132页第3行“明不识其尸，但见大坑，吏推明达于坑，遂活”(《崔明达》)。句首“明”字下脱一“达”字。本篇从始到终均以“明达”为称，虽无他校为凭，此处的脱文也是明显可见的。

第181页篇名为《姚甲》，篇中行文均以“姚氏”或“姚”为称，始终不见“姚甲”之称，因此篇名似宜改《姚氏》。《辑校说明》据陆漻佳趣堂本抄录的明末清初六卷抄本的目录即作“姚氏”。

第230页《鲸鱼》篇与第156页的《雷斗》篇文字相同(《鲸鱼》篇文字有错漏，如“身”上脱一“鲸”字，“雷公”错成“雷中”)，属于重出，应删去其一。《太平广记》是分类辑录，同一篇故事可以分别从雷公或鲸鱼两个角度选录，着眼点不同。作为原书的《广异记》则不应有重复。由此，《辑校说明》中统计的“凡三百零二条”，也要相应核减。

再说标点断句方面。全书标点断句的工作做得是比较审慎仔细的，质量比较好。有某些遗漏，问题也不突出。提出来商讨，只是希望精益求精，更臻完善。

《戴氏〈广异记〉序》第2页第7行“二子钺、雍，陈其先志，泣请父友况得而叙之。”其中“友”字下应加一逗号。

正文第20页第3行：

(王)顾谓左右曰：“昨得祇洹家牒，论明念诵勤恳，请延二十载。”乃知修道不可思议，所延二十载，以偿功也。令吏送还舍。

《孙明》

按，从“昨”字起至“以偿功也”，都是王对左右讲的话，“令吏送还舍”以下才是叙事，因此，下引号应移到“也”字后。

第 52 页首行：

(三夫人)谓湜曰：“每年七月七日至十二日，岳神当上计于天，至时相迎，无宜辞让。今者相见，亦是其时，故得尽欢尔。自尔七年，每遇其日，奄然气尽，家人守之。

《李湜》

按，“故得尽欢尔”后应加一下引号，对话到此结束，“自尔七年”起恢复叙事。

第 76 页首行：

问削师：“何得此剑?”云有贵人形状衣服：“将令修理，期明日午时来取。”

《杨元英》

按，“云”字后都是削师的答话。“形状衣服”实际是“形状如何如何，衣服如何如何”的简省缩略。因为标点古籍不宜使用省略号，以免发生整理者有删节的误会，所以标点上难以确切表现。此处宜将“衣服”后的冒号和上引号前移至“云”字后。这样，文字上虽略显别扭，仔细思索一下，还是可以理解的。“贵人”是“将令修理”的主语。

第 90 页首行：

因问曰：“兄女是谁?”曰：“家中二郎女，十岁病死，亦殡其旁。婢亦帐中木人也，其貌正与从者相似。”

《王玄之》

按，下引号应上移到“旁”字后。“婢亦帐中木人也”以下均是撰者叙事之文，非家人之答话。

第 92 页第 9 行：

(岐州佐史)复逢二人，问：“何所来? 顷于旧处相访不是，所处分事已得免……”

《岐州佐史》

按，“何所来?”是佐史的问话，“顷于旧处”以下是两个鬼使的答话，不应混而为一。因此，“来?”后应加一下引号，“顷”字前应加一上引号。

第 139 页倒第 4 行：

（刺史独孤思庄）亲至恂所，问其冥中所见，云：“甚了了，但苦力微，稍待徐说之。”顷者，恂初至官……寻见牛头人以叉叉其颈去，恂得放还。思庄素与僧善，召而谓之……

《皇甫恂》

按，自“顷者”至“恂得放还”约七行文字，都是皇甫恂叙述“冥中所见”的内容，口气也是他自叙的口气。因其是紧承“稍待徐说之”而来的，应放在一个引号内。“思庄素与僧善”以下才是撰者的叙事。

第191页末行：

（魏元忠）乃大怒曰：“仆千里裹粮而来，非徒然也！”必谓明公有以见教，而乃金口木舌以相遇，殊不尽勤勤之意耶！然富贵正由苍苍，何预公事！”

《魏元忠》

按，“必谓”二字前衍一下引号，应删。这里整段都是魏元忠怒斥张景藏的话，层次井然，联系紧密，无法割裂。

第197页倒第4行：

此日昏后闻远处有数人哭声，斯须渐近，遂入后堂，并皆称冤，号擗甚哀，中有一叟，哭声每云：“若痛老狐，何乃为喉咙枉杀腔幢！”

《上官翼》

按，“叟”字后逗号应下移两个字，“哭声”属上读。全句是从闻声的角度写的，“有数人哭声”与“中有一叟哭声”是前后呼应的，并不是看见“中有一叟”。

第202页倒第3行：

骑寻至门，通云“刘成。”谒令，令甚惊愕，初不相识，何以见诣。

《汧阳令》

按，“谒令”二字应属上读，“惊愕”后应加冒号和引号。“初不相识，何以见诣”是 汧阳令所思或所讲。改正后的标点应是：

骑寻至门，通云：“刘成谒令。”令甚惊愕：“初不相识，何以见诣？”

第232页第4行：

（谢二）谓士人曰：“无尔悲为，若欲北归，当有三百千相奉。及别，以书付之曰：“我宅在魏王池东，至池，叩大柳树。家人若出，宜付其书，便取钱也。”

《谢二》

按，“相奉。”后应加一下引号，谢二的话到此告一段落。“及别，以书付之”是撰者的叙事。“之”字后宜加一逗号，稍作停顿。因为“我宅……”是谢二当面对东京士人的口头嘱咐，而不是所书内容。

另外，全书虽然篇幅短小者居多，但千字左右或千字以上篇幅者也还有一些，似应适当划分段落，以清眉目。（于有德）

本文原载《书品》1993年第2期

读《佛遗教经》

《中国佛教思想资料选编》已出版到第四卷。这套《选编》以其“系统而简要”为特色，较好地满足了中国哲学史专业工作者关于佛教教学和研究的需要，也为范围广泛的与佛教有关的其他专业人员提供了参考的方便。由于它选目比较精要，人们以此为主航线，就不致在佛教典籍的浩瀚海洋中迷失方向，而能比较迅捷地到达目的地。这对推动佛教思想理论的深入研究是有巨大作用的。谁都知道，要把传世的佛教典籍认真通读一遍，这对绝大多数人来说，恐怕只是一种奢望，要真正做到是非常困难的。但是，尝鼎一脔，可以知味。《选编》正是浓缩提取了佛教典籍的精华。在促使更多的人参加佛学研究，使佛学研究具有了某种程度的广泛性或群众性方面，《选编》的作用是不可磨灭的。《选编》也有一些缺点，例如文字上存在一些传写错误，标点断句上存在破句硬伤，有些篇幅很长的文献缺少分段等。据笔者观察分析，只要编校者再认真仔细一些，多数缺点是不难克服的。

《选编》第四卷第一册所选佛教经论译本，多数以原支那内学院刊藏要本为底本，并照录了原有的校注，文字和标点等均较可靠。对于编选资料书来说，充分利用前人研究成果，慎重准确地选择好底本是十分重要的。这样做聪明而省力，质量还有保证。少数篇章不具备这种条件，只有靠编选者自己标点整理。编选者是认真努力的，但是仍不免存在问题。

本册中的《佛遗教经》，是释迦牟尼佛将入涅槃时为诸弟子略说法要的记录，经中反复强调了制心持戒的重要。其中有一段话是这样标点的：

当知瞋心甚于猛火，常当防护，勿令得入劫功德贼。无过瞋恚，白衣受欲非行道人，无法自制，瞋犹可恕，出家行道，无欲之人，而怀瞋恚，甚不可也。

这里，“勿令得入劫功德贼”窒碍难通，“无过瞋恚”又显得突兀。几经推敲，笔者认为“入”字后应加一句号，“贼”字后句号当改逗号，“恚”字后逗号当改句号。随后的几句话是将出家行道的比丘与“白衣”（俗人）做对比分析，因而“恕”字后逗号可改为分号。改正后的标点如下：

当知瞋心甚于猛火，常当防护，勿令得入。劫功德贼，无过瞋恚。白衣受欲，非行道人，无法自制，瞋犹可恕；出家行道，无欲之人而怀瞋恚，甚不可也。

“勿令得入”是说不要让瞋心进入已心。所谓“劫功德贼，无过瞋恚”，是说劫杀佛教功德的盗贼，没有比瞋恚更厉害的了。这是把“功德”与“瞋恚”都拟人化了。经文前面已经讲到，“若纵恚心，则自妨道，失功德利。”“瞋恚之害，则破诸善法，坏好名闻，今世后世，人不喜见。”反复申述的都是一个意思。

书中另一段有几句话是这样标点的：

常当自勉，精进修之，无为死后致有悔我。如良医知病说药，服与不服非医咎也，又如善导导人善道，闻之不行，非导过也。

其中“无为死后致有悔我”一句十分难懂。原疑句末“我”字有误，经与底本《碛砂藏》对勘，“我”字不误，而是“死”字前脱漏一个“空”字，于是发现这里断句有毛病，“我”字当属下读。通读全经，感到译者常以四字句为基本句式，变格也有，用得不多，通篇多采用四字句。为此，试着重新标点如下：

常当自勉，精进修之，无为空死，后致有悔。我如良医，知病说药，服与不服，非医咎也。又如善导，导人善道，闻之不行，非导过也。

书中绝大多数地方断句是对的，但对标点的使用比较随便，逗号用得偏多，句号用得偏少。例如末段的文字和标点原来是这样的：

汝等比丘，常当一心勤求出道，一切世间动不动法，皆是败坏不安之相，汝等且止勿得复语。时将欲过，我欲灭度，是我最后之所教诲。

其中，“心”字后可加一逗号，“道”字后逗号可改句号，“止”字后也应加一逗号。另外，“汝等且止，勿得复语。”这是佛祖临入涅槃之际招呼徒众安静别动的话，应与前面讲道的话区分开，因此，“汝”字前应使用句号。最末一句“是我最后之所教诲”是对全经内容的总结概括，也应自成一句。据此，改正标点如下：

汝等比丘，常当一心，勤求出道。一切世间动不动法，皆是败坏不安之相。汝等且止，勿得复语。时将欲过，我欲灭度。是我最后之所教诲。

第 26、27 页有八个段落行文结构相同，每段后面都有一句结语，概括的是段意而不是句意，因此，这句结语不应混入前面的句子中，而应单独分出来。分出来则眉目清楚，有利于读者了解佛经的要点和结构的严整。这八句结语是“是名少欲”、“是名知足”、“是为远离”、“是名精进”、“是名不忘念”、“是名为定”、“是为智慧”、“是名不戏论”。

类似以上可以斟酌推敲的问题还有一些，文繁，不赘述了。

本篇还有脱漏和错字。第 24 页第 3 行“是中夜寂然无声”，“是”字下脱一“时”字。第 11 行“不得色藏瑕疵”，“色”为“包”字之误。第 26 页第 10 行“牵释诸天所共敬重”，“牵”为“帝”字之误。帝释乃佛教护法神之一。倒第 6 行“若得定者，心则不教”，“教”为“散”字之误。第 27 页倒第 6 行“若我住世一切，会亦当灭”，“切”为“劫”字之误。“劫”乃形容时间久远之概念。佛祖此处以“世皆无常，会必有离”的教义，劝解徒众勿怀悲恼，住世时间再长久，也还是要灭度的。今误为“切”字就远离本意了。本篇“简介”中有一句“要求佛弟子住戒以製五根”，依据本经，“製”为“制”字之误，乃管制、约束之意，非谓造作。可叹的是，这些字错得比较明显，核诸本句即能发现，现在却印到了书上，广泛流传。

《佛遗教经》篇幅不长，总共约三千字左右，现存的标点断句及文字错漏不算少。其实，这些问题主要是匆忙粗疏造成的，不难发现，也不难改正。笔者所以不厌其详地絮叨，是希望编校者加强质量意识，把工作做得更仔细些，以免功亏一篑。（单毅）

本文原载《书品》1993 年第 3 期

关于《高僧传》的校勘底本

中华书局近年出版了由著名佛教史权威学者汤用彤先生校注整理的《高僧传》，颇受读者欢迎和重视。汤用彤先生及其子汤一玄对该书做了大量的整理工作，从科学的标题立目，拟定目录，到详细的校勘、周密的标点标线，特别是有关人物史事的若干校注，资料赅博、考证精详，充分显示了整理者独到的史识与功力。整理本的出版既为佛教史研究工作者提供了重要的研究参考，又为初学者指示了治学门径，并且提供了阅读上的极大方便。种种优长，难以尽述。笔者在认真学习研读本书后，确实得到很多教益，不过也感到整理本还有美中不足之处：由于校勘底本选择不当，整理本尚不足以成为能够得到社会公认的校勘精良的定本。

校勘工作是古籍整理的基础工作，校勘质量的高低在很大程度上依赖于校勘底本的正确选择。底本选对了，古籍文字的可靠性就有了九分保证，校勘工作也能够以简驭繁，事少而功多；底本选错了，不仅会使校勘工作变得十分繁重，工作量大大增加，而且容易造成疏漏，留下遗憾。在前一种情况下，校勘记往往简明易读，便于读者利用；在后一种情况下，校勘记往往篇幅冗长，文字繁琐，令读者往返寻检，不胜其劳。因此，在正式动手从事古籍异文的校录之前，认真周密地进行版本调查，并抽样试校，审慎地分析比较各个重要版本的特色与长短优劣，是必不可少的前期工作。只有把这项工作做得比较充分，才有可能选择到恰当的校勘底本，校勘的质量也才可能有基本的保证。

《高僧传》整理本以日本《大正新修大藏经》(简称《大正藏》)为底本，并采录其中一部分校勘记(宋元明三本部分)。以《弘教藏》、《碛砂藏》、

《高僧传》书影

《金藏》及金陵刻经处本为主要校本，另外还参校若干重要的佛教典籍。这一校勘方案的主要缺陷在于底本选择不当，不应当以《大正藏》作底本。《高僧传》纯粹是中国僧人的撰述，中国版本甚多，其中不乏校刻精良的本子，例如现存刻版时代较早而且卷帙完备的《碛砂藏》就是校刻质量比较好的一种。还有金陵刻经处的单行本，时代虽属晚近，但校刻质量颇为可靠，是认真下过整理功夫的，饮誉中外，非止一日。无论是《碛砂藏》本还是金陵刻经处本，都比《大正藏》本的文字要可靠得多。从版本源流来讲，《高僧传》的中国版本是源，日本版本是流。从版本文字的可靠性来讲，《大正藏》的质量远不如《碛砂藏》和金陵刻经处本，即使作为校本的日本《弘教藏》的排印质量也明显优于《大正藏》。《大正藏》是目前世界上流行最为广泛的一种汉文大藏经。与多种老式的卷帙浩繁的木刻线装本大藏经相比较，由于它是小字密行，一面多栏，铅字排印，近代装帧，因此体积较小，册数集中，是一种容易收藏又便利使用的通行版本。问世以后曾多次印刷，在促进汉文大藏经在世界范围内广泛流通上，其功不可没。因为它集中在短短十来年的时间内排印了数量空前繁多的汉文佛教经典，其匆忙迫促可知，其排校质量实难保证，讹脱衍倒，所在多有。据以校勘，实不足凭，据以治史，亦应参证核实，避免以讹传讹。周叔迦先生在《大藏经雕印源流纪略》中论及《大正藏》时曾指出其“错字错句颇多”的缺陷。其他研究佛教典籍版本问题的专家也对《大正藏》有类似的批评，恕不在此一一列举。

笔者在阅读汤用彤先生校注的《高僧传》整理本时，曾想以《碛砂藏》本与之进行通校，后因故中辍。当时校读过的部分已接近全书一半，《碛砂藏》明显优于《大正藏》的印象十分鲜明。今举若干例证予以说明。

第152页《晋高邑竺法雅》

法(1)雅，河间人。……时依(2)门徒，并世典有功，未善佛理。……

及[3]昆浮、昙相[4]等，亦辩格义，以训门徒。……(昙习)为伪[5]赵太子石[6]宣所敬云。

校注

(1)三本、金陵本“法”上有“竺”。按《碛砂藏》本有“竺”。凡有汉姓的高僧，据本书前后文例，篇首均为姓名连称。

(2)三本、金陵本“依”下有“雅”。按《碛砂藏》本有“雅”。有“雅”字，本句方语意完足。无“雅”字则主语不明，易生误解。

(3)原本“及”作“乃”，据三本、金陵本改正。按《碛砂藏》本作“及”。因“及”字笔画残缺而误为“乃”。

(4)原本“昙相”作“相昙”，据三本、金陵本改。按《碛砂藏》本作“昙相”。“昙”为姓氏。

(5)三本、金陵本无“伪”。按《碛砂藏》本有“伪”。

(6)原本“石”作“右”，应误。考《晋书·石季龙传》并据金陵本改正。按《碛砂藏》本作“石”。此处显为《大正藏》的排校错误。

全篇共有六条关于版本异文的校注，除校注(5)属于义可两存者外，其馀五条(脱文二，错字二，误倒一)《碛砂藏》都是对的，而且五条都与金陵刻经处本一致，其中的四条与《大正藏》校勘记中引述的宋元明三种古本也是一致的。这一事实说明，《大正藏》本篇原文有明显脱误。如果改以《碛砂藏》本为底本，就可以省去整理本现在所做的改补删乙工作，六条校注也只要保留那属于义可两存者的校注(5)就可以了。

第155页《晋敦煌竺法乘》

竺法乘，未详何[1]人。……护未[2]答。乘年十三，侍在师侧，即语[3]曰：“和上意已相许矣。”

校注

(1)三本、金陵本“何”下有“许”。按《碛砂藏》本有“许”。为人作传，岂有称传主“不知何人”者？有“许”者是。

(2)三本、金陵本“未”下有“及”。按《碛砂藏》本有“及”。有“及”字才语意完足，于义为胜。

(3)三本、金陵本“语”下有“客”。按《碛砂藏》本有“客”。有“客”字才语意完足，“语”的对象才明确。

全篇三处版本异文，《碛砂藏》与三本、金陵本都是一致的，它们的文字是正确的；有脱文的倒是《大正藏》。如果改以《碛砂藏》为底本，三条校注就都可以删去，既省事，文字又可靠，何乐而不为？

类似上述例证的篇章还有不少，为免繁琐，不多罗列絮叨，仅再举一个长篇的例证。

第345页至360页《晋邺中竺佛图澄》

全篇文字长约七千字，现有校注105条，其中除9条是有关史事的注文外，关于版本异文的校注共96条，《碛砂藏》与三本、金陵本文字一致者占61条，其他版本的异文有35条。另外笔者以《碛砂藏》与之通校，发现还有漏校的异文二十多条，此中《碛砂藏》文字正确者近二十条。总起来说，如改以《碛砂藏》本为底本，则有近八十馀处版本异文无需出校改正，这将省去整理者和读者多少功夫！这样整理出来的本子，其总体面貌也要简洁清朗得多。

校注本《高僧传》所以存在这一问题，有其历史原因与复杂情况，读了书前的说明，谁都无法苛责其整理者。汤用彤先生是在年老病重的情况下从事这一艰巨工作的，仅完成了部分"征求意见稿"的写定工作就遽然辞世，大量多年积累的丰富材料尚未整理写定，也有些拟定的工作未能按计划进行，如大多数篇章未能与《碛砂藏》对校。中间经过"文革"浩劫的多年阻隔。最后，遗稿的整理由其子汤一玄勉力完成，由于专业不同，势已不能对这一尚未成形的未完成稿做根本性的补充和修改。奋力将它续成完璧，已是做了一件功德无量的好事。对此书的出版，读者更应感到庆幸与欣慰。

笔者所以探讨这一问题，一是想借此澄清有关《大正藏》的某些认识，引起佛教典籍整理工作者的注意。在校勘工作中，通行本与校勘底本是有原则区别的。通行本是以其在社会上广泛流行为特色，而校勘底本则必须是校刻精良文字可靠的本子。作为通行本的《大正藏》不具备充当校勘底本的条件。二是表示一个期望，期望中华书局在抢救遗产的基础上，工作更进一步，把《中国佛教典籍选刊》整理成能够得到社会公认的定本。这当然需要相当长的时间，然而更需要编辑同志现在就十分自觉地持久努力。（尹其明）

本文原载《书品》1994年第4期

关于《人海诗区》及其辑录者

北京古籍出版社 1994 年出版的《人海诗区》，是一部很有价值很有特点的书，它选录了古代吟咏北京历史风物的诗篇近两千首，网罗作者五百馀人，作品时代从南北朝直至清代初年，既是形象生动内容丰富的北京史资料，也是分门别类的地域题材的文学史资料。全书共分四卷，每卷四门，计有都城、宫殿、桥闸、祠墓、苑囿、驿馆、园亭、坊市、畿甸、边障、山峪、水淀、岁时、风俗、寺观、杂咏等门，包括了都市历史地理的方方面面。所选作品多数思想性艺术性都比较高，不少作者是历代著名的政治家、文学家。有感叹朝代兴亡、讴歌忠臣义士的，有描绘江山秀丽、赞颂宫殿巍峨的，有反映民生疾苦、记叙岁时风俗的，题材内容相当广泛。可以说，凡有心游览北京地区风景名胜并欲略知其历史掌故者，不可不读此书。辑录者还时有按语，对有关的历史沿革和人物史事酌加诠释和考订，除了某些敌视农民起义及歌颂愚忠愚孝的地方需要分析鉴别外，多数有一定参考价值。

本书原是一部未经刊行的清人写稿，收藏于北京图书馆善本室，普通读者一般无缘得见。已故明清史专家谢国桢先生建议将此写本整理出版，以便研究，以广流传。北京古籍出版社遂组织北京图书馆善本室的同志标点，并邀请一位著名的北京史专家对原稿进行了全面校订。校订工作规模宏大，对五百多位作者近两千首诗，一一检核原书，比勘其文字异同，考订其脱略改窜。这项工作，其头绪之多，考订之难，检阅图书之浩繁(校读用书达 173 种)，比勘文字之勤苦，远出常人想象之外，思之令人生畏，见之令人感佩！校订工作取得了丰硕成果，所写校记达

1 899条之多，对写本原稿存在的诸多问题，校订者均一一为之纠补，使原稿中许多隐含的模糊不清的问题，基本得到了澄清。

《人海诗区》书影

然而，此书虽经如此整理，仍未尽善尽美。因为时间相对短促，校订发现的大量问题、罗列的诸多材料还来不及咀嚼消化，许多线索和疑问仍有待于将来的研究分析。例如，现在发现的大量文字异同，哪些属于引录旧书导致的沿袭之误，哪些属于辑录者有心造成的改窜之异，仅凭校订者的一人之力是难以分清的。因为宋辽金元明清几朝几代的众多作者，每位作者的作品恐怕都不是只有一种版本，调查研究起来工作量太大。而没有周密细致的调查研究和综合分析，上面的问题是无法论定的。这类问题，只有留待以后解决了。

读者急盼解决的问题是：书名《人海诗区》究竟是什么意思？书稿究竟编成于什么年代？辑录者是谁？这三个问题密切相关，其核心为辑录者是谁。笔者愿在吸取前人研究成果特别是校订者意见的基础上，贡献自己的一得之愚。

《出版说明》解释书名说："人海，极言人众也。五百位作者不可谓不众，两千首诗亦不可谓不多。搜寻当非易事。……诗区，区同讴，讴歌也。"以五百人之众称为"人海"，终嫌勉强。而且，这样解释书名，也和全书内容只限于讴歌燕京的诗词这一特点毫无联系。其实"人海"一典出自苏轼七律诗《病中闻子由得告不赴商州》其一，该诗尾联谓："惟有王城最堪隐，万人如海一身藏。"辑录者以"人海"作为王城、京师的代称。解开此谜以后，书名和内容相符的问题可以迎刃而解。

关于书稿编成的年代，《出版说明》认为："彭元瑞的购书小记写于乾隆壬子五十七年（1792 年），书稿所收之诗最晚及清初之吴梅村、王渔洋、田雯等人，由此大体可以推断书稿辑录时间必定大大早于乾隆五十七年，可能在乾隆初年。”《校订后记》则说：“稿本编者佚名。第一卷桥闸门收田雯的《大通桥行》，题下注云：‘今上御极，轸恤漕挽军吏，丙辰之岁，复修大通桥，使田子纶霞分董其役，作诗纪事。’按，田子纶霞即本诗作者田雯，康熙时进士。‘丙辰之岁’为乾隆元年。由此可以推知，本书稿本编定于清乾隆时。同时，本书稿本有不少地方可以看出因恐惧文字狱而加以改窜的痕迹，亦可以作为编定时代的佐证。”出版者和校订者的意见基本一致，他们都没有采纳著名版本学家傅增湘先生1940年在跋语中发表的意见。傅增湘先生认为：“余观其于国初诗词，只及于王渔洋、吴梅村、田山薑、龚芝麓诸人，则其人当在康熙初矣。”笔者以为傅增湘先生的论据比较坚强有力，但定于“康熙初”则略早了一些。以清初四位作者的卒年论，吴伟业(号梅村)康熙十年(1671年)以病卒，龚鼎孳(号芝麓)康熙十二年卒，而田雯(字纶霞，号蒙斋，一号德州先生，有《寒绿堂山薑分体诗》十五卷)康熙四十三年卒，王士禛(字子真，号阮亭，又号渔洋山人)康熙五十年卒。《人海诗区》中所录王士禛的三首诗：《香山寺月夜》、《晚望翠微寺》、《卧佛寺》，据按年编排的《渔洋山人续集》所载，都是壬子年(康熙十一年)初春所作。书中可以考定写作时间最晚的诗篇可能就是田雯的《大通桥行》，其诗注中的“丙辰之岁”不是乾隆元年，而是康熙十五年。校订者由于疏忽，多算了一个甲子。田雯于康熙十五年四十二岁时奉命监督大通桥漕运事务，九月报竣。作五言古诗一首，勒石官廨。又召集同人泛舟通济河，绘图题诗，和者甚众，都下一时传为盛事。此事在田雯生前自撰的《蒙斋年谱》中有明确具体的记载。据此，《人海诗区》编定的年代当在康熙十五年之后。

关于辑录者问题，清乾隆年间彭元瑞在购书小记中说：“于忠肃条下注有‘吾杭’语，盖浙人所辑。”此后直至今日，各家均沿袭彭说而无新的补充。笔者为考释书名而偶然发现，辑录者很可能是清初诗坛领袖人物之一的查慎行[①]。具体推断理由有如下几点：

第一，以“人海”作为“京师”的代称，很可能出自查慎行的首创，这

---

① 查慎行(1650～1727)，浙江海宁人。原名嗣琏，字夏重。康熙二十八年四十岁时改名慎行，字悔馀，号他山，又号查田。晚筑初白庵以居，故学者或称初白先生。为方便起见，本文不论在其四十岁前或后，均统称查慎行。

是一种很有个人特点的修辞手法。终有清一代，后人继承这种用法的可能只有个别人。查阅《四库全书总目》、《中国丛书综录》等书，知查慎行有《人海记》，其《敬业堂诗集》卷八为《人海集》。查慎行在《人海记》卷首题记中说："苏子瞻诗：'惟有王城最堪隐，万人如海一身藏。'与东方曼倩'陆沉金马'寄意略同。余自甲子北游太学，又九年举京兆秋试，又十年唱第南宫，其后供奉内庭者七年，从事书局者三年，追癸巳夏移疾乞归，已六十有四矣。通计三十年来，客居京师，岁月过半。耳目闻见，随手缀录，不下数百条。雪窗检点，裒集成卷，命曰《人海记》。"这是查慎行晚年将《人海记》重审删定付诸刻版时所写的题记。据其外曾孙陈敬璋撰集的《查他山先生年谱》，查慎行是在康熙二十五年三十七岁时"著《人海记》。凡四卷，杂记都中事，皆得之闻见者"。查慎行《敬业堂诗集》第八卷卷首说："自丙寅(康熙二十五年)仲冬迄戊辰(康熙二十七年)初春，凡十五月，所得诗不满百篇，合为一卷，即用《人海记》之名以名集。"这是《人海记》成稿在《人海集》之前的确证。查慎行自康熙二十三年夏四月入都游太学，至康熙二十七年春二月出都，舟送病危的外舅陆辛斋南还，几年时间都是以布衣文士的身份客居京师。康熙二十六年查慎行有诗《元日出东便门》，其后面几句是这样的："自从客京洛，三遍东风吹。藏身人海中，发兴乃更奇。谁能当此日，一鞭出寻诗?"清初诗坛有宗唐与宗宋的区分。查慎行是高举宋诗旗帜的领袖人物，尤其对于苏轼的诗，他是爱不释手。在其所撰《补注东坡先生编年诗》的例略中，查慎行自称"余于苏诗，性有笃好。"他从二十四岁开始补注苏诗，直到五十三岁时始告完成，整整花了三十年时间，其好用苏诗典故乃情理中事。他晚筑初白庵以居，也是采取苏轼诗意："身行万里半天下，僧卧一庵初白头。"笔者查阅清以来多种目录书，只在孙殿起先生的《贩书偶记》中见到一种《人海谈丛》，无卷数，吴侍曾撰，嘉庆辛未刊。此人时代显然过于居后，可以不论。

第二，专家通过周到细密的校订，发现《人海诗区》与明刘侗、于奕正的《帝京景物略》以及清朱彝尊的《日下旧闻》有密切关系。这个情况对判定《人海诗区》的辑录者和辑录时间十分重要。《校订后记》中说："本书注明引自《帝京景物略》的诗篇并不多，但在大量没有注明出处的诗篇中，可以确定有很大一部分均引自该书。而本书的不少地方(如'水淀'门、

‘山峪’门等)，其编排次序都和《日下旧闻》的有关部分雷同。本书的不少错误和脱漏，实际上是因袭以上两书的结果。”《帝京景物略》初刻于明崇祯八年。到明亡之前，短短九年时间内又翻刻了三次，清初也翻刻过两次。因此，查慎行能读到此书是没有疑问的。

朱彝尊比查慎行年长二十一二岁，大体上算是同时代人。朱彝尊《日下旧闻》刻成于康熙二十七年九月，而查慎行于康熙二十七年春二月即出都南还，他在这次离开京师以前正巧看不到《日下旧闻》的刻印本。根据本书命名的意义来分析，参考《人海记》和《人海集》的情况，《人海诗区》如果真是查慎行辑录的，那么最可能的辑录时间应当是康熙二十三年夏四月至二十七年春二月之间。那么，《人海诗区》对《日下旧闻》的雷同和因袭又该如何解释呢？原来，查慎行虽然看不到《日下旧闻》的刻印本，却较早就看到了朱彝尊编撰的手稿本。朱彝尊在该书自序中说：“彝尊谪居无事，捃拾载籍及金石遗文会粹之，分一十三门……合四十有二卷。刑部尚书昆山徐公见之，谓其可传，乃捐资俾锓木。计草创于丙寅之夏，录成于丁卯之秋，开雕于冬，迄戊辰九月而竣。”验之于丹徒张鹏序、益都冯溥序以及其弟子青浦王原的跋，都肯定朱彝尊是在被劾罢供奉谪居都下时开始编撰《日下旧闻》的。查《清史稿》本传，康熙二十三年正月，他“私以小胥录四方经进书，为学士牛钮所劾”。王原跋谓：“先生自罢供奉，僦屋宣武门外，日夕坐卧一室，……目不停披，手不绝书。又时时延访遗老，质问逸事，或摹拓残碑碣，攀崖附涧，侧足重茧不惮困。凡阅书一千三百馀种，再历寒暑而成，总四十二卷。”自康熙二十三年正月“再历寒暑”，也就是到了康熙二十五年春天，《日下旧闻》的书稿就已经编成了。徐公见到了稿本，才有捐资刻版之议。朱彝尊自序中所谓“草创”、“录成”、“锓木”都是就书稿付诸刻版印行而言的。查慎行到京的当年(康熙二十三年)，就曾随外舅陆射山先生到朱彝尊家里去做客，朱彝尊的诗里有“尔汝何甥谢舅，飞扬季虎头龙”的句子写他们。第二年，也就是康熙二十四年的夏秋之交，查慎行有诗《柬朱竹垞表兄时移居古藤书屋》。全诗如下：

整娖牙签万卷馀，谁言家具少于车。僦居会向春明宅，好借君家善本书。宋次道居春明坊，家多藏书，皆校三五遍，推为善本。士大夫喜读书者多居其侧，以便借抄。当时春明宅子比他处僦值常高一倍。(《敬业堂诗集》卷六《假

馆集上》）

这首诗既说明表兄弟之间的来往亲密，也说明查慎行常去借书抄书。此时正是《日下旧闻》编撰紧张的时刻。这年秋天，查慎行和汤西厓、梁药亭又夜集朱竹垞古藤书屋，联句作诗一首，为梁药亭归南海送行。这首诗既见于查慎行的诗集，也见于朱彝尊的《曝书亭集》。康熙二十八年春二月，陆辛斋亡故，查慎行再次入都。有诗《三月晦日饮朱十表兄槐树斜街新寓，同梁药亭吴震一作》三首。朱十表兄即朱彝尊。夏天又有《集槐树斜街苦热联句》，共有十八人参加，此诗也同在朱、查二人诗集中刊载。不久，查慎行又作了一首《雨中同竹垞兄过恒斋饮，次竹垞韵》。总之，朱彝尊和查慎行都是清初诗坛的领袖人物，既是浙江同乡（朱为秀水人，查是海宁人），又有表兄弟亲戚关系，其来往赠答是十分亲密的，他能够看到和借鉴《日下旧闻》手稿是合乎情理的。

顺便印证一下，彭元瑞在购书小记中注意到于忠肃条下有“吾杭”语，断定编者为浙江人。而查慎行恰是浙江海宁人，清代海宁属于杭州府，完全符合“吾杭”的身份。

第三，康熙二十三年查慎行即有诗《题田纶霞少参山薑诗后》，全诗如下：

得从京国数追随，真爱山薑一卷诗。佳处不嫌千遍读，识君翻恨十年迟。古人可作心相许，同调无多论稍卑。便欲借抄烦乞予，手弹红烛写乌丝。（《敬业堂诗集》卷五《逾淮集》）

康熙二十六年又作诗《送田纶霞由大鸿胪巡抚江苏》二首，全录如下：

东南地重推吴会，开府新烦典客卿。暂出人皆荣入座，再来公已领三旌。霜清斧钺稜稜见，风静骅骝尾尾行。桃李一蹊看好在，道傍伏谒半诸生。田曾为江南学使。

诏恩连岁蠲逋赋，管内民情大可知。枫鼓尚传迎辇曲，竹枝多上去思碑。两贤治迹原难继，谓大宗伯汤公、少司马赵公。一代人才更属谁？此去但须持简要，不妨小吏日抄诗。（《敬业堂诗集》卷八《人海集》）

查慎行对田雯的崇仰钦敬之情跃然纸上，怪不得他在“桥闸”门中一下子选录了田雯的五首诗，而《大通桥行》还是本书中少见的长篇古体诗。

第四，《人海诗区》中的小序和按语，一方面有朝代兴亡的感叹，忠烈牺牲的颂扬，同时也有天命神秘的敬畏，天运王气的猜测。这些思想观念比较符合于查慎行那一代人的特点。查慎行虽曾受教于黄宗羲，但他生在清初顺治七年(1650 年)，长在康熙盛世。他已经没有黄宗羲等明末遗民那种强烈的反清复明情绪，而是希求在清代圣明天子的治下求取功名，建功立业，所以，后来他成了康熙年间红极一时的“烟波钓徒查翰林”。查慎行“方为诸生时，即游览牂牁夜郎之境，齐鲁燕赵梁宋之区，过洞庭，涉彭蠡，登匡庐峰，访武夷九曲之胜，所得一托于吟咏，故篇什最富”(吴兴刘承幹《查他山先生年谱跋》)。以他年轻时这样的性情爱好，在入都北游太学的数年间，网罗历代吟咏燕都的诗歌，以为游览之助、博学之资，是再自然不过的事情。因为只是自用的资料，虽广为搜采访求而乐于利用成书，虽略有考订诠释而并不深究穷诘，惟兴之所至或有感而发，并无严格的体例与规范。也因为只是自用，所以未曾出以示人，在辑录资料时，也不必规避雷同抄袭之嫌。笔者推测，《人海诗区》乃系查氏家藏之本，雍正四年因季弟查嗣庭“维民所止”文字狱案牵连，全家被抄，方流出民间，以至于乾隆年间为彭元瑞所购得。

综合上述各个方面，笔者推定《人海诗区》的辑录者为清初著名诗人查慎行，其辑录时间约在康熙二十五年或二十六年。

本文原载《古籍整理出版情况简报》总第 291 期，1995 年第 2 期

分章立目不可少

《大乘起信论》是一部具有中国特色的大乘佛教理论著作，在中国佛教发展史上发生过重要而深远的历史影响，直到今天，它仍然是中国佛教徒研习大乘佛教理论的基本入门书。高振农先生精心结撰的《大乘起信论校释》是一部比较优秀的古籍整理图书，于 1992 年 4 月由中华书局出版。该书校勘严密，标点细致，段落分明，特别是遍布全书的注释，简明扼要，深入浅出，精于佛理，文字畅达，再加上每段都有段落大意，与注释相辅而行，颇便初学者研读体味。书前的序言对《大乘起信论》的真伪、作者、“译者”以及思想内容、学术价值、历史地位等问题，做了提纲挈领的综合解析，对那些聚讼纷纭争议不绝的难题，做了客观平实要言不烦的介绍，并进而阐明了个人的看法，显示了校释者的渊博学识与深厚功力。总之，本书不愧是一部高质量的新版佛教典籍，值得向佛教界人士和广大普通读者推荐。

不过，本书也有少许缺憾：它的目录是一个主次不明、详略失当的目录。除了前面的序言、校释说明和参考书目而外，目录只详细罗列了附录的十五个细目，而《大乘起信论校释》本文却只有一个光秃秃的总标题，也就是重复了本书书名而无细目。详于附件而略于主体，这样的目录未免轻重倒置。

解析一部理论著作的内在结构、揭示作者的思维逻辑和论证方式，是深入理解作品思想内容的重要方法之一，而目录正是作品上述内容的一种客观反映，是架设在作者和读者之间的思想交流的桥梁。另外，作品的内容很丰富，在不同的章节段落，作者论述了不同层次不同主题的问题。科学求实地编制作品的详细目录，就可以为各有不同需要的读者初步提供检索的方便，省却读者往返翻寻的辛劳。因此，分章立目是图书编辑出版中一项必不可少的工作。作者或编辑做好这项工作，是一人受累而千万读者受惠，何乐而不为呢？

某些时代较早的古籍没有现成的目录可资利用，但是撰著者却随时都在向读者揭示作品的逻辑结构和段落层次。读者只要细心注意，就可以从撰著者的提示中整理出一份目录来。《大乘起信论》就是这样的作品。佛教论著常以偈颂开头。在开篇三个偈颂之后，撰著者提示："说有五分，云何为五？一者因缘分，二者立义分，三者解释分，四者修行信心分，五者劝修利益分。"(本书第 4 页)这就是告诉读者，全书分为五个部分。"因缘分"说明撰写此论的原因、目的，"立义分"则开宗明义，摆出全书的基本论点，"解释分"对大乘佛法的基本要义进行具体深入的详细解释阐说，"修行信心分"论述坚定信仰和按照大乘佛法修行的方法门径，"劝修利益分"介绍修持大乘佛法的利益和功德。五部分中，"因缘分"、"立义分"和"劝修利益分"都比较简短，文字不多，只做扼要提示，点到即止。"解释分"占了全书的大部分篇幅，是本书的重点所在。所有重要的佛教命题、理论概念，都在这一部分中得到了详尽的说明和阐发。由于前面有了基本理论方面的充分阐释，后面的"修行信心分"只以较少的文字就扼要说明了增强信仰和如法修行的具体做法。这是第一层次的段落结构。

撰著者对第二、第三乃至更低层次的段落结构也时有提示。如"解释分有三种。云何为三？一者显示正义，二者对治邪执，三者分别发趣道相。"(第 15 页)这是对第二层次段落结构的提示。再往下，如"显示正义者，依一心法有二种门。云何为二？一者心真如门，二者心生灭门。是二种门皆各总摄一切法。"(第 16 页)"对治邪执者。一切邪执，皆依我见，若离于我，则无邪执。是我见有二种。云何为二？一者人我见，二者法我见。"(第 119 页)"分别发趣道相者，谓一切诸佛所证之道，一切菩萨发心修行趣向义故。略说发心有三种。云何为三？一者信成就发心，二者解行发心，三者证发心。"(第 132 页)在"修行信心分"下，撰著者说："修行有五门，能成此信。云何为五？一者施门，二者戒门，三者忍门，四者进门，五者止观门。"(第 160 页)以上是对第三层次段落结构的提示。

“心生灭者，依如来藏故有生灭心。所谓不生不灭与生灭和合，非一非异，名为阿黎耶识。此识有二种义，能摄一切法，生一切法。云何为二？一者觉义，二者不觉义。”(第 25 页)这是对第四层次段落结构的提示。

尽管撰著者做了许多提示，但某些内容繁复篇幅较大的章节，仍需做进一步的解析。如在“解释分”“显示正义”的“心生灭门”下，分为“觉义”与“不觉义”两个方面，仅解释“不觉义”的文字在本书中就从 44 页到 119 页，占到 75 页。这么大的篇幅，显然还要再做分析。首先是解释无明不觉之相的三细相、六粗相，然后讲心、意、意识辗转相生的生灭因缘，继而讲到建立在真如缘起理论基础上的熏习，讲到染法熏习与净法熏习及其细类，最后讲到怎样进入真如熏习，依法修行。通观全书的整个章节段落层次，真是一个庞大完整、重点突出而且十分细密的理论结构。可以说，把本书的结构分析清楚了，全书的内容也就读懂了一多半。

衷心希望本书再版或重印时，能给读者提供一份严密准确层次清楚的明细目录。（郭征）

本文原载《书品》1995 年第 1 期

《声律发蒙》的作者到底姓甚名谁

我自幼喜爱中国古典诗歌的文字音韵之美。那铿锵的韵调、简练的文字，那工整严密的平仄对仗，在低吟缓诵之际，给人以意蕴丰富涵泳不尽的美感。最近偶然读到南方某古籍出版社前些年出版的《声律启蒙》(《传统蒙学丛书》中之一种)，感到十分亲切。在童年时代，就吟诵一些文字浅显、意义明白同时又对仗工整的文句，使人在潜移默化中，自然而然地接受语言技巧的基础训练，这真是一种费力小而收获大，并且使人终身受用不尽的教育方法。你听："平对仄，减对添。倨傲对恭谦。刚强联耿介，正直对清廉。""千对万，五对三。水北对山南。烟蓑联雨笠，月笛对风帆。"简单明白，朗朗上口。吟得熟了，自然就有平仄对仗的初步体会。有了日常不断的语言实践，积累了比较丰富的感性素材，然后再从理论上去总结提高，就很容易切实掌握平仄对仗的基本功。这样，不要说写副对联可以不犯难，就是写首旧体诗词，也不至于捉襟见肘了。

《声律启蒙》一书，实际收入了类似的作品四种。其中第二种为《声律发蒙》，出版者在书名页上将作者标署为"〔清〕杨林兰"。其根据恐怕就是清代乾隆年间云南学使孙人龙的《声律发蒙叙》。该叙在介绍作者时说："考滇志杨林兰先生者……"出版者未及深考详察，就匆忙署名如上。其实，这是误读了原文，把作者姓名和时代都搞错了。《声律发蒙》的作者是明代人兰茂。杨林是兰茂的居住地。

读赵景深、张增元编的《方志著录元明清曲家传略》(中华书局 1987 年 2 月第 1 版)，其第 18、19 页有"兰茂"条，引用康熙、乾隆乃至民国年间的云南地方志五六种，对其生平事迹与著作撰述做了介绍。兰茂，字廷秀，号止庵，云南嵩明县杨林千户所人，原籍河南洛阳。赋性简淡，不乐仕进，尝匾其居曰“止庵”。读书过目成诵，通六经，擅理学，留心经济。与安宁张维皆以文章、行谊为乡里崇尚。时人为之语曰：“杨林有兰，安宁有张。”是明代云南地方著名的乡贤。正统年间曾为大司马王骥征麓川献奇计方略。平生著述多种，《声律发蒙》是其存世流传者之一。有了这些了解，我们就不会误读孙人龙叙的有关记载了。

古代方志是一个资料宝库，有待发掘整理的内容很多。只是因为收藏分散，借阅困难，一般读者很难亲自去爬梳整理其中方方面面的丰富资料。《方志著录元明清曲家传略》一书最重要的价值，在于将古代方志中的有关材料集中，为研究中国文学史、中国戏曲史的同志，提供和补充了不少曲家小传资料。对于深入研究元明清三代戏曲，也有许多值得参考的地方。兰茂是一个不见于正史记载的布衣人物，《声律发蒙》是一种训育童蒙的浅俗课本。像这样犄角旮旯的小作家、小作品，如果不是读到《方志著录元明清曲家传略》中有关的详细明确记载，即使有剑川赵藩序中的具体表述(“余见乌程孙端人学使所刊嵩明兰止庵茂本”)，人们还是很难发现和纠正“〔清〕杨林兰”这样的署名错误的。（常轼）

本文原载《书品》1995年第1期

关于《百喻经》及其今译

寓言是一种简练含蓄生动引人的文学形式，它把抽象深刻的哲理包含在生动形象浅俗易懂的故事之中，深入浅出，实现了哲理性与形象性的统一。寓言故事以其形象性为人们喜闻乐见，又以其哲理性易于为人所引申发挥，仁者见仁，智者见智，各有不同的领会。古往今来的政治家、理论家、宗教家，无不喜欢利用它来达到自己的目的，变枯燥无味的呆板说教为形象鲜明的生动宣传。在典籍浩瀚的佛教大藏经中，宗教寓言亦随处可见，以“譬喻”为名的佛经就有多种，其中《百喻经》是最有条理也最简明扼要的一种。该书以古代印度民间流传的痴人笑话故事为素材，借以演绎宣说佛教教义。据梁僧祐的《出三藏记集》所载：“永明十年九月十日中天竺法师求那毗地出。修多罗藏十二部经中抄出譬喻，聚为一部，凡一百事。天竺僧伽斯那法师集行大乘，为新学者撰说此经。”无论是研究中国佛教的传播历史，还是研究印度古代的民间文学，此书的重要价值都是显而易见的。这些故事本身所蕴含的深刻哲理，是古代哲人的思考成果，是东方智慧的伟大结晶，其普遍的认识和启发意义，远远超出于原撰者译者宗教意图之外，然而千百年来，此书只是作为佛教典籍被收入佛教大藏经中，很少抽出单行，因而广大普通读者难以见到，难以认识其真正价值和普遍意义。语丝社成员、北京孔德学校王品青先生曾将《百喻经》“除去教诫，独留寓言”，并根据经末文句恢复造论者所起原名，将书名改题为《痴华鬘》，交北新书局于 1926 年出版。鲁迅先生于当年 5 月 12 日专门写了《痴华鬘题记》为之鼓吹，此文收在《集外集》中。《题记》说：“尊者造论，虽以正法为心，譬故事于树叶，而言必及法，反多拘牵；今则已无阿伽陀药，更何得有药裹？出离界域，内外洞然，智者所见，盖不惟佛说正义而已矣。”显然，鲁迅先生赞成揭去蒙在此书身上的宗教宣传的面纱，还原其天竺寓言的本来面貌。在四十年代末期，冯雪峰同志曾以《百喻经》为素材，加以删改增益，编写了一本《百喻经故事》，使这些寓言故事的思想意义得以发扬光大，书的内容也更贴近时代了。近些年来陆续出版的多种《佛经寓言选》、《佛经故事选》等，都选译了《百喻经》中的一些故事，也都不约而同地采取了“除去教诫”的做法。中华书局 1993 年 9 月出版的《百喻经今译》是第一个将《百喻经》全书原原本本译为白话的大众读本。该书译文通达流畅，明白易懂，注释精于佛理，严谨雅驯，注和译配合，相得益彰，做到了深入浅出，雅俗共赏，总体上确实不失为一部出于名家高手的优秀作品。

这些印度古典笑话故事，原本对人们习而不察的思想方法上的片面性、直线性给予了无情的揭露与讽刺，它以夸张的漫画化的手法，强调了唯心主义、形而上学思想方法的荒唐可笑。而天竺僧伽斯那撰说此经则把本来具有普遍意义的哲理故事，仅仅局限于范围相对狭小的弘教护法的宣传用途，浓重的宗教色彩遮掩了人类智慧结晶的光华四射。读者不难发现，九十多篇原作故事，每篇结构上都可分为前后两部分，其中不少篇有头重脚轻虎头蛇尾现象：前半部分语言活泼，形象生动，好懂易记，后半部分则语言呆板，概念生涩，充满说教。两部分之间的过渡，平顺自然者较少，曲折费解者较多。有的地方，不经过反复思索玩味，是很难转过弯子来的。这些现象是故事内容与编撰目的之间的内在矛盾的深刻表现。例如《愚人集牛乳喻》，原本说做事违背事物发生发展的客观规律就不可能达到目的，而撰者只用来说明布施是应当及时和经常进行的。《三重楼喻》本来批判了主观主义空想的愚蠢可笑，而撰者却用它来批评平时不重修行却一心只求阿罗汉果的痴心。《煮黑石蜜浆喻》，启示人们做事要抓关键、抓主要矛盾，撰者却只用它来批评外道的苦行。《灌甘蔗喻》本来说主观主义要不得，违背事物的规律，好心也难免办坏事，而撰者却只说恃势求福，反获其殃。《二子分财喻》原本是批评形而上学观点和绝对平均主义的，而撰者只用来说明论门有四种，外道偏修分别答论门则是片面的。《驼瓮俱失喻》本来批评不分利害轻重鲁莽操切从事的愚蠢，撰者只用来批评犯戒失志。《倒灌喻》本来讲治病应当对症下药，讲究科学，撰者只用来批评颠倒禅观。《医治脊偻喻》本来讲不懂装懂误大事，形而上学教条主义害死人，撰者只用来说明非法求福，利不补害。类似的舍大就小、舍近求远、弃全逐偏的情形很多，难以一一列举。如果译注者在忠实于原著的前提下，能够站得更高一点，眼光更开阔一点，不仅恪守经书原旨，“在教言教”，而且能对各篇故事的深刻意蕴作简要题解，破一破题，点一点睛，引导读者做更深入的体会，那就更有益于宣传唯物论辩证法，帮助人们提高思想理论水平了。

本书在编排上采取了传统的正规做法：每篇先列原文，后列今译，对原文中的疑难之点则酌附注释。这样做便于对比研读，较为科学可靠。现在有些古籍今译本，将今译与原文隔离，各自集中排版，好像读者只阅读今译即可，原文可以不读，或者只是偶尔备查。尤其可怪的是某些粗制滥造的白话经典系列，干脆不附原文。这种廉价的文化快餐，经人翻炒鼓吹，虽有煊赫一时的市场效应，也可填充某些人的空虚头脑，但说到底，于文化积累是无所建树的。就好像一些色彩斑斓的肥皂泡一样，纯粹是吹起来的，转瞬即逝。其实，古文今译的作用不是鼓励人脱离古文，抛弃古文，而是引导人接近古文，钻研古文，激发人们学习古代汉语，直接阅读古籍的积极性。就像帮助幼儿学步的助步器一样，其作用是扶助幼儿锻炼腿脚，不让他跌倒，并让幼儿逐步摆脱依赖，最后达到独立行走和跑跳自如。离不开轮椅的人是残疾人。毫无古代汉语知识的人，离开古籍今译就对传统文化茫无所知的人也不是一个知识健全的中国人。目前过于泛滥的古籍今译热显示了取消古文废弃经典的幼稚倾向，笔者以为是不可取的。古籍今译应当少而精地进行。选目宜严，选那些确有代表性的影响深广的经典作品。翻译要精，要深刻领会原文，严格忠于原文，准确表达原文。翻译是一门复杂的艺术，需要广博渊深的专业知识和熟练自如的语言技巧，否则是难以胜任的。

《百喻经今译》总体质量是相当不错的，译文信实可靠，注释严谨深入，是一部可以让读者放心的古籍今译读本。不过，个别地方也存在疏漏不当之处。例如第 45 页注①“长者，佛教称具备十德的人。十德指姓贵、位高、行净、礼备、上叹、下归。”所列不足十数，可能漏写了“大富、威猛、智深、年耆”四项。第 85 页注①以印度古代的昼三时和夜三时来解释“三时”，似与正文文义不相符合。正文说：“夫富贵者求时甚苦；既获得已，守护亦苦；后还失之，忧念复苦；于三时中，都无有乐。”此“三时”是总结上文的，应是指求时、获时、失时。第104页译文末尾三行多文字(“无相只是相中求实皆不可得，不是有一个无相可见可取；无愿只是心离愿求之念，不是有一个无愿实境可取；无作只是心离造作之念，不是有一个无作实境可取。能通达此理，就达到了入涅槃城之门。”)都是译注者的引申补足之词，似应加括号以与原著的译文有所区别。第161页《月蚀打狗喻》原文“昔阿修罗王见日月明净，以手障之。无智常人，狗无罪咎，横加于恶。”译文中多出来一段话“(那些没有智慧的人,)不知道月蚀是日光、月光和地球同在一条直线上，地球的影子遮住了月亮的光，认为月亮是被天狗吃了……”这段话与上文阿修罗“以手障之”的叙述不相应，也不是撰者的原意。以今人眼光改铸古人是古籍今译的大忌。如果以关于月蚀成因的天文学知识来衡量，这两句话其实也讲得粗糙失准，经不起推敲。

第164页《父取儿耳珰喻》正文末段前三行：“凡夫之人亦复如是。为名利故，造作戏论，言无二世，有二世；无中阴，有中阴；无心数法，有心数法，无种种妄想，不得法实。”这一段话十分难懂。按现在的标点断句，读者有点不知所云，无法弄清楚是说有对还是说无对。把说有说无都当作“戏论”，显然不符合佛教教义。佛教认为人是有来世的，因果报应、六道轮回学说就是建立在此基础上的。佛教也主张有中阴，有心数法，有种种妄想。问题出在标点上。笔者以为正确的标点应是这样的：“凡夫之人亦复如是。为名利故，造作戏论，言无二世；有二世，无中阴；有中阴，无心数法；有心数法，无种种妄想，不得法实。”撰者以层层剥笋的方法揭露了四种违反教义又步步为营的戏论，认为它们都“不得法实”，不符合客观真实。心数法简称心所。“心所”为“心所有法”之略。小乘《俱舍论》有四十四法，大乘《唯识论》有五十一法。这五十一法分别是遍行五、别境五、善十一、根本烦恼六、随烦恼二十、不定四。所谓“种种妄想”就是指根本烦恼(贪、嗔、痴等)、随烦恼(忿、恨、无惭、无愧、昏沉、懈怠等)及不定(悔、眠、寻、伺)等三十法。佛教修行的目的就是要克服这种种妄想。这里的几处标点用法，因为关涉佛教基本教义的理解，不搞清楚不行，所以，笔者略陈浅见如上，以求教于各方大德。

另外，本书注释除极少数是校勘性的注记外，多数是关于佛教名词概念的，译注者时常引据佛教经论或《翻译名义集》等专书予以诠释，即使不引经据典的地方，所作注释也都恪守佛教教义，以低层的具体的专门术语解释高层的总括的专门术语。这样的注释严谨而不易懂，深入而不浅出，对于缺少佛学基础知识的广大教外群众来说，未免偏深偏难，使人感觉好像一脚踏入连环阵，处处都有拦路虎，左冲右突不得出了。作为普及性的大众读物，注释的一般原则应当是以通用语解释专门术语，化生涩繁难为简易明白。单从注释的角度看，本书较适合于做佛学讲习班的进修教材。总之，本书注释的难易深浅程度与今译的浅俗明白是不太协调的，读起来有些费劲。（**舒萍**）

本文原载《书品》1995 年第 3 期

贵在尊重与互补

张中行先生《动笔前想想如何?》(见《光明日报》1995 年 7 月 19 日第 11 版《文化周刊》)，文章主旨不错：奉劝“有动笔权的人”尊重知识，尊重作者，平时要学习，临事要谨慎，切不可一知半解就轻率妄改。这是一位资深老编辑、老教育家发自内心的忠告，值得每一位从事编辑工作的同志重视和深思。文章列举的实例也足令人警省。

但是该文有的地方未免有点矫枉过正。笔者认为：一、盛气凌人，挖苦臆断，不利于解决问题。摆事实，讲道理，像文章标题那样平和冷静一些，反而容易让人接受。二、“不许改”未免绝对化。一篇作品，如果不经过千锤百炼的反复修改，一般是难以做到无懈可击的。以张先生文章中的个别词句为例，“我的拙作”似有词意重复的毛病，“北京普通话”的提法似也欠妥。普通话是以北京语音为标准音，以北方话为基础方言，以典范的白话文著作为语法规范的现代汉民族共同语，它并不专属于北京。不论文章在哪里发表，类似这样的地方，是否改动一下更好呢?

笔者无意在鸡蛋里面挑骨头，只是想说明：作者和编辑之间要互相尊重，互相学习，取长补短，共同提高。妄改和不许改，都破坏了两者间的正常关系。充分尊重和理解别人，就能够提高和丰富自己。没有平等待人的民主气氛，文化学术的繁荣兴盛是难以期望的。

张先生的“不许改”本是针对浅薄者妄改而立的禁规，不是无的放矢。但是现实还有另一面。现在的书报杂志多如牛毛，许多文理不通的作品充斥其间，原因当然很复杂，不过，其数量之多、质量之低，确实令人心忧。对于当编辑的、从事语言文字工作的同志而言，现在需要为纯洁祖国的语言文字而奋斗。笔者认为：鼓励称职尽责的编辑大胆工作，严格把关，有利于为作者和读者创造一个比较纯净的语文环境。而水平不够的同志当然要像张先生劝告的那样，首先虚心学习，努力钻研业务知识，这是做好本职工作的必要条件。（任薇）

本文原以“读报有感”为题载于 1995 年 9 月 30 日《文汇读书周报》第 3 版

数词和简缩语

——试为《汉语数目词词典》改名

尹小林编的《汉语数目词词典》是一部具有实用价值的工具书，它广泛吸取前人研究成果，搜集我国古代的数词缩语，查考其来源出处，罗列其联语原文，给以具体的解释。书前词目表以数为纲，书后倒序索引以词目尾字笔画为序，二者相辅相成，较便检索。它取材广泛，词目丰富，全书词目达 2 760 条，许多边边沿沿、犄角旮旯的数词缩语，在其他辞典中查不到，在这本书里可以找到有关的解释。这是本书的特点和价值所在。

但是，本书书名含义模糊，词不达意，易生误解。语言是约定俗成的，一个词的词义不是某个人的强制规定所能改变的。“数目”，是通过单位表现出来的事物的多少，这是社会共通的认识。因此，“汉语数目词”使人想起的是一、二、三、四、五、六、七、八、九，个、十、百、千、万、亿、兆等数词，而不是词典中所收的这些数词缩语。

数词缩语是一些现代汉语讲义或词汇学著作目前对这类词语的一种较为常见的称谓。和简称类似，数词缩语的产生，体现了语言交际中的经济实用原则。人们原原本本地表述一些性质相同、相近或密切相关的人、物、事的话语，我们把它叫做联语。以现代汉语的联语为例，如“身体好，工作好，学习好”，是革命领袖对学生成长提出的三点祝福和希望。“反贪污，反浪费，反官僚主义”，是解放初期一次政治运动的三项基本任务。“开口呼，齐齿呼，合口呼，撮口呼”，是音韵学上对韵母的区分，依发音时口型的变化分为四类。“讲文明，讲礼貌，讲卫生，讲秩序，讲道德，心灵美，语言美，行为美，环境美，爱祖国，爱人民，爱社会主义”，是改革开放以来党和政府对社会主义精神文明建设的几项基本要求。这里的四组词语，在具体的历史条件下，由于性质相同或相近，都具有互相关联密不可分的特点。联语一般都用字较多，句子较长，若反复称说，则会感到啰唆不便。而由于时尚需要和内容上的密切相关，人们又必须经常频繁地说到它，于是就设法简化它的语言形式，把每一个联语简缩凝固为一个相应的简单而又固定的格式，例如把上述几组联语简缩为“三好”、“三反”、“四呼”、“五讲四美三热爱”。这样，人们在交流时就容易达到简洁而又明了的目的，有效地避免啰唆累赘的毛病。数词缩语就是这样产生的。

数词缩语的构成有两个必需的基本成分：数词和中心词。其中心词或者直接取自联语中的相同的字，例如，三秋的秋、奇经八脉的脉，或者是对联语共同属性的概括，例如五味的味、八仙的仙。它可以是名词，例如四肢的肢、五官的官，也可以是动词或形容词，例如五戒八戒的戒、四呼的呼、竹林七贤的贤、秦淮八艳的艳等。中心词前面的数词则是具体概括有关事项多少的确切实数。除了上述两个基本成分以外，有的还有前缀等其他修饰限制成分，例如初唐四杰、唐宋八大家等。数词缩语在性质上有一个显著特点，不论其中心词是名词还是动词或形容词，数词缩语在整体上都是名词性的。数词缩语由于其格式上的凝固性，不容拆换改易，因而通常在造句中可以起相当于一个词的作用，充当一个句子成分。数词缩语和词的根本不同，在于每一个数词缩语都是相对应的联语原文的简缩形式，是源于联语原文的派生词语。有些数词缩语，如四方、四肢、五官、五脏、五谷等，人们熟悉和常用到几乎忘掉其来源的程度，它已经可以独立使用，或者说已经转化成词，但追溯其历史根源，谁也不能否认，它仍然是相应联语的简缩形式。

尹小林同志没有采用“数词缩语”这一术语，却自定其为“数目词”。这是值得斟酌的。辞典凡例第一条规定，“本辞典为汉语语文知识词典。专收词目中含数目字且具有特定含义的‘数目词’。如三光(日、月、星)，初唐四杰(王勃、杨炯、卢照邻、骆宾王)，八方(东、南、西、北、东南、东北、西南、西北)等。”这里虽然列举的都是数词缩语，但是关键在于“含数目字且具有特定含义”的界定，其后半句是不明晰的，也是不得要领的。怎样才叫做“具有特定含义”呢？是指数目字是确指的实数呢，还是指整个词义确定不移呢？凡例中未加解释。汉语中含数目字的词语不少，如三心二意、七上八下、四分五裂、零七八碎、万紫千红、千篇一律等，都含有数目字，而且词义都是特定的。这是形容词性的。再如二胡、三弦、四环素、五倍子、七叶一枝花、二把刀、二锅头、三联单等，也都含有数目字，而且词义也都是特定的。这是名词性的。还有一鸣惊人、一目十行、一气呵成、举一反三、五马分尸、五花大绑、三头对案、三思而行、七折八扣、七颠八倒等，也都含有数目字，而且词义也都是特定的。这是动词性的。上列这些词语都没有收入本辞典。其实不收是对的。不收的原因，就是因为它们都不是数词缩语，都没有一个相对应的联语原文。人们需要查考的主要是数词缩语的出处和联语原文。裴斐先生在序言中用“由数词统领之简缩词”来概括它们，这是较为确切的。(精确些讲，应是“由数词统领之简缩语”，词和语还是有区别的。)另外，从时间范围讲，本书所收没有包括现代部分。现代流行的数词缩语，例如三好、五爱、三自一包、三资企业、四化、五讲四美三热爱等，都不在本辞典的诠释范围内。因此，确切地说，本辞典应当叫做“中国古代数词缩语辞典”。

编写和出版辞典是一件严肃慎重的事情，是传授知识教育群众的远大事业。在所有图书品种中，辞典是最具科学性与稳定性的。给这样的书起错了名，实在是出人意料和令人感慨！另外，本书是电脑排版的，修改和调整版面较其他排版方式便捷，因此，有的工作还可以做得细密些，例如对互见的辞目注明本书所在页码，书末倒序索引在书眉上标明本页的笔画数，这样改动不多，却可为读者检索提供不少方便。以上种种，都希望重印或再版时有所订正和改进。(舒萍)

本文原以“数词和简缩语——试为《汉语数目词词典》正名”为题载于《书品》1996 年第 1 期

《无能子》篇数小考

《无能子》是一本小书，其正文字数全部加在一起大约也不超过一万四千字。作为哲学理论著作，其中可以探讨研究的问题比较多。中华书局 1981 年年底出版了王明先生撰著的《无能子校注》。王明先生作为研究道家哲学和道教历史的著名权威学者，第一次对《无能子》做了全面系统的整理，包括校勘、标点断句、划分段落和注释等几方面的工作，并以“无能子的哲学思想——唐末农民大起义影响下一部特出的著作”为题，写了长达一万六千字的代序，对《无能子》产生的时代背景、作者的身世经历、其哲学思想的特色和主要内容以及该书的历史评价等问题，做了比较详细具体的论述。王明先生的整理校注为广大读者提供了很多帮助，所取得的成绩也是令读者印象深刻的。

《无能子》虽然是哲学理论著作，但文字比较生动浅显，观点也较大胆而鲜明，其对封建纲常名教的猛烈批判是十分深刻有力的，加上善用寓言和典故，令人读起来饶有趣味。《校注》出版以后，我曾反复读了几遍，借助王明先生的注释，对该书内容有了一定程度的理解。同时也感到，该书有的问题还有待进一步深入探讨。例如《无能子》一书到底有多少篇？流传中有无散佚？今本《无能子》是足本还是残本？对此，王明先生在附录中客观罗列了有关的著录资料，而未作考证和回答。虽然不同著录资料在看法上的歧异是明显的，但一时理不清个头绪，我只好暂时把它放下，存而待考。说是放下了，然而没有解决的问题始终萦绕心头不去。1992 年年初，中华书局将《无能子校注》收入《道教典籍选刊》予以重印，校注内容则没有变动。我又拿起它来读读想想，折腾了好几天，还是不得要领，只能再次放下。直到最近这一次重读，才略有所悟。现将思考结果分述如下，以求方家教正。

《无能子校注》书影

关于《无能子》的篇数，历来有三种说法。一种肯定该书“凡三十四篇，编上中下三卷”，这是见于《无能子序》的原始说法。明代白云霁撰《道藏目录详注》也肯定“内三十四篇，编上中下三卷”。第二种说法是“成书三十篇”，见于宋晁公武《郡斋读书后志》，元代马端临《文献通考·经籍考》引述了晁氏的说法。上述两种说法是比较接近的，前者所举是确切实数，后者所举则为概数，虽然表面看来小有差异，实质并无不同。值得考辨的是第三种说法。清代《四库全书总目提要》说：“今考其书，实三十四篇，与序所言篇数合。而卷上注阙第六篇，卷中注阙第五篇，卷下注阙第七、第九、第十、第十二、第十三、第十四等六篇，是其全书具在，实四十二篇，与序文不相应。岂序为后人追改，以就所存之篇数耶?”后来的《四库全书简明目录》则沿袭此说，认为“原本四十二篇，今存者三十四篇。”这种说法与王明先生选作底本的明正统道藏本目录是大体一致的，这也正是此说足以令人迷惑不解的地方。

笔者以为三十四篇的说法最早，也最可靠。宋陈振孙《直斋书录解题》认为《无能子序》“盖其自序云尔。”这是很有道理的。序言开头所谓：“无能子，余忘形友也。”这是作者惯用的论说手法，与本书中“无能子形骸之友华阳子”(见卷下《答华阳子问》)、“无能子心友愚中子”(见卷下《答愚中子问》)同一机杼。华与实相对，阳与阴相对，阳表阴里。以华阳子为“形骸之友”正取义于此。愚谓盛德若愚，中者心也，故以愚中子为“心友”。序言未署名，故托言“余忘形友”即可矣。其实三者都是“无能子”托物言事的化身。仔细玩味序言内容词句，确属作者之自我介绍。序言对全书主旨的归纳十分准确贴切，非他人所能为。关于写作时间，“自仲春壬申至季春己亥”，前后仅二十八天。若非作者自述，再亲近的朋友对写作的起讫时间也难知其详。知道此序是作者自序，再读到“余因析为品目，凡三十四篇，编上中下三卷”，就不会感到奇怪了，书作者与序作者原本是二位一体的。序中所记篇数由此更无可置疑。

王明先生在《校注说明》第三条中说：“今所见《无能子》，唯《道藏》本有全书目录，孙批本目录不完，不足《无能子序》所称三十四篇之数。其他各本目录俱缺。”为了搞清这个问题，笔者曾经查阅多种《无能子》刻本，除《道藏》本编有篇章顺序号外，其他版本不论书前有无总目，正文中常见的情况是有题目和个别题目下附注的篇数，例如“质妄二篇”、“真修四篇”、“孔子说二篇”、“答鲁问二篇”、“纪见三篇”、“固本四篇”。

某些题目下附注篇数，这是特别值得注意的新情况，反映了唐人论说文著述体例中的新变化。过去，一个题目就是一篇文章，有多少题目，就有多少篇文章。唐代则不同了，同一个题目可以有几篇文章。例如刘禹锡的《天论》就分为上中下三篇。柳宗元的《时令论》分上下二篇，《断刑论》分上下二篇，《论语辩》也分为上下二篇。分篇的原因似乎并不在篇幅是否太长，而在表述内容的需要上，在篇章结构的组织安排上。有的题目，篇幅并不长，还是分作二篇，例如柳宗元的《论语辩》即是如此。或者一事一议，或者一篇解决一方面问题，几篇合起来形成一个系统的综论。在这种新的论说文著述体例下，如果仍然沿用老习惯，按题目计篇数，那就必然发生错误。明正统《道藏》本《无能子》的目录，就是一个按题目计篇数并妄加改补的目录。

王明先生撰著的《无能子校注》采用了明正统《道藏》本《无能子》的目录及分篇，所有阙篇次第，悉依《道藏》本之旧。我们仔细阅读这个目录就会发现，凡是题目下附注篇数者，其后必有“阙篇”，若把相连的“阙篇”加上前面一篇，其篇数正好与该题目下附注的篇数一样。这说明《无能子》其实并无阙篇，只不过是后来的编目者忽视了唐人著述体例中的新变化，误把同一题目下的不同篇当做同一篇中的不同段落处理了，因而发生阙佚的误解，或造成了重复计数的问题。按《道藏》本的目录篇次统计，《无能子》应为四十五篇，比《四库提要》所说的“全书具在，实四十二篇”还多三篇。这是因为《四库提要》所据的“浙江范懋柱家天一阁藏本卷上”仅仅注阙第六篇，而《道藏》本卷上注阙的还有第八篇、第九篇、第十篇。两种版本注阙情况的不一致，恰恰可以说明它们都是出于后人的妄改(全改者篇数多，漏改者篇数少)，不反映原本的真实面貌。

实际上，《无能子》全书三十四篇只有二十三个题目，其中有六个题目包含不止一篇(有三个题目含二篇，一个题目含三篇，两个题目含四篇，详情已如上述，此处不再重复)。今本《无能子》并无散佚，确是足本。鉴于旧编目录的混乱不实，现将建议恢复订正的目录表列如下，以正本清源。

卷上	卷中	卷下
圣过	文王说	答通问
明本	首阳子说	答华阳子问
析惑	老君说	答愚中子问
无忧	孔子说(一)	鱼说
质妄(一)	孔子说(二)	鸩说
质妄(二)	范蠡说	答鲁问(一)
真修(一)	宋玉说	答鲁问(二)
真修(二)	商隐说	纪见(一)
真修(三)	严陵说	纪见(二)
真修(四)	孙登说	纪见(三)
		固本(一)
		固本(二)
		固本(三)
		固本(四)

(郭征)

本文原载《书品》1996年第3期

建设性交流是书评类期刊的重要原则

杜甫有两句诗："文章千古事，得失寸心知。"可用来说明书评的重要和优秀书评的来之不易。书评类期刊是撰著者、编辑出版者和读者心灵沟通的桥梁、友好交流的园地。在出版工作从以规模数量增长为主要特征的阶段向以优质高效为主要特征的阶段转移过程中，书评类期刊对社会舆论有引导激励作用，对出版工作有实践指导意义。可以说，书评类期刊是出版工作实现阶段性转移的重要舆论杠杆之一。

说"建设性交流是书评类期刊的重要原则"，是因为它反映了我们提高图书质量、改进出版工作的客观实际需要。近几年来，我国的书刊出版事业发展很快。概略而言，总的情况仍然坏书是少数，精品图书也是少数，大多数是平庸之作，所谓"不好不坏，又多又快"。反动作品、淫秽色情书刊属于查禁之列，国家行政管理部门可以采取断然措施取缔销毁，这是比较容易解决的。相对而言，克服平庸，多出精品，是更困难的任务，也是实现出版工作阶段性转移的当务之急。这对于大多数出版物来说，是一个提高水平、提高质量、提高品位问题；对于大多数撰著者、编辑出版者来说，是一个自我教育、严格自律、相互切磋、共同提高的问题；对于大多数读者来说，是一个推荐和引导问题，是一个理解和认同问题。这种客观情势决定了书评类期刊必然要以建设性交流为主。

建设性交流，就是通过不同人不同角度的文章，品评书刊的优劣得失，阐发作者研究撰著的甘苦和心得，介绍编者策划加工的努力和体会，抒发读者研读玩味的领悟和感想，多方面地开展评论和分析，从而密切作者、编者和读者之间的联系，共同促进书刊质量的提高和出版事业的繁荣。基本态度是建设性的，不是破坏性的，是与人为善的，不是以人为敌的，是促进繁荣的，不是消极否定的。

贯彻“建设性交流”的原则，首先要重视精品书刊的宣传介绍。精品书刊是怎样创造出来的，撰著者有哪些甘苦和心得，精品书刊的价值在哪里，为什么特别值得推荐，编辑出版者为精品书刊的诞生作了哪些贡献，曾经有过怎样的艰难曲折，读者从精品书刊中得到了哪些重大收获或深刻感悟？具体切实地宣传介绍上述内容，就是示范，就是推荐，就是树立样板，就是推广成功的经验。

《书品》比较注意发表这方面的文章，得到了读者的肯定。杨志玖先生曾写到：“又如《大唐西域记校注》的责任编辑谢方同志的《二十六年间》，对这部名著校注的出书经历作了详细介绍，叙述了这部大著如何由前辈学者向达先生倡始，经过编辑者的多方奔走，集中了国内许多专家学者通力合作，经历了二十六年的迂回曲折才能与读者见面的艰难过程。读后不由对校注者和编辑肃然起敬，对这部书的学术价值和地位更增加了理解。”蔡鸿生先生写到：“读书要得其门而入，谈何容易。像《管锥编》那样博大精深的著作，不知其基本精神所在，就难免目迷五色。感谢周振甫先生写了一篇《〈管锥编〉的打通说》，为一般读者提供了一把可以信赖的钥匙。作者详举‘打通’八例，娓娓而谈，引导读者去领会钱鍾书先生的真学力和真本领，虽未名为‘导读’，却起了切切实实的导读作用。《书品》倘能多刊登这样的好文章，必当促进读者品书能力的提高，是功德无量的。”

贯彻“建设性交流”原则，对书刊的评论就要实事求是，客观平易，言之有物。空洞无物的庸俗捧场是无所谓交流的。目前某些专家名流不看书稿就应邀为人作序，其东拉西扯不着边际是必然的结果。书稿作者本想拉名流为自己作掩护，反而陷专家于不义，可谓一举两失。实事求是、客观平易，就是好处说好，坏处说坏，一切评价符合客观实际，一分为二，恰如其分。在指出缺点问题时，应立足于全面评价，不以偏概全，不夸大其辞，不哗众取宠，不搞片面性和形而上学，尤其不要“攻其一点不及其馀”。古语云：人非圣贤，孰能无过？过而能改，善莫大焉。对于虽有缺点而基本品质尚好的书刊产品，应当有分析地对待，不应一棍子打死。例如某出版社的《实用成语词典》，其词典正文质量比较好，词目丰富，释义贴切，例句正确，源流分明。问题出在附录的索引上，索引是词典正文校定以后才匆忙编制赶排的，因时间紧迫，又少校了一两个校次，印出来时遗留下不少排校错误。有的书评就以“一部错误百出的成语词典”为标题，专讲索引中的错字，把它骂得狗血淋头。这种批评就脱离了作品的实际，犯了以偏概全、过甚其辞的毛病，不利于书刊生产的改进。一蹴而就的精品书刊是比较少的，多数书刊有一个由低到高、由粗到精的改进提高过程。粗暴地对待新产品的缺点，只能扼杀新产品的生机，唯有辩证的分析的态度，才能帮助它克服缺点，逐步完善。

贯彻“建设性交流”的原则，书评作者就要善于平等待人，友好商量，不居高临下，不颐指气使。健康正常的批评，其目的是帮助同志改进工作，提高书刊质量，决不是妄自尊大，做我是你非的炫耀。如果没有平等待人的胸怀，没有友好商量的诚意，就常常会使批评者与被批评者处于对立地位，使简单的问题复杂化。俗话说的“利刀割体创犹合，恶语伤人恨不消”，这是书刊评论工作者要时刻小心在意的事情。某出版社整理出版了明代白话小说《型世言》，整理工作基本质量是好的，同时也存在一些不足，例如小说每一回目的前后都有评点，这些评点在木刻本中是以行草字体雕版印刷的。整理者由于水平所限和时间仓促，对极少数行草字未能辨识正确就匆忙付排了，留下了一些错字。北京某著名文学史家写了一篇《整理古籍必先识字》的书评，对此事大加挞伐，把该书整理者挖苦为不识字的妄人，其尖酸刻薄，冷嘲热讽，实在令人难以接受。一些难认的字没能认出来，受到批评当然是应该虚心接受的，但是过分的尖刻不也说明批评者本身的修养有欠缺吗？

贯彻“建设性交流”原则，批评就应抓住要点，留有馀地。批评方式上，不必事无巨细，繁琐罗列，只要扼要举例，足以说明问题即可。语言风格上，则提倡平正博大，避免偏激。古籍整理图书的有些问题是比较琐碎的，例如标点断句的错误。但是，书评不是“勘误表”，一般不需要对所有的标点断句错误逐一罗列。要掌握“要言不烦”的诀窍，适可而止，不要一泄无馀，不要把人批得体无完肤，灰心丧气。过分琐细苛责，易致反感抵触。书评以短小精悍为佳。书评中未用的有参考价值的资料，可以另外以适当方式提供作者参考。

贯彻“建设性交流”原则，还要注意深入解决问题，不是为批评而批评，不要就事论事，停留在表面现象的批评上，而要分析产生问题的原因，指出改进的途径和方法来。例如中华书局出版的《宋史翼》附有人名索引。索引编制者做了大量工作，搞清了大量问题，但也有少部分称谓不全的姓氏或名号尚待查考，于是编制者老老实实地注明“未详”。《〈宋史翼〉人名索引试补》一文则指出，编制人名索引是科学研究的一项基础工作。这项工作不是简简单单地抄抄卡片、排列汇集一下就可完成的。对称谓不全者和同实异名、同名异实者都要认真下功夫做好分合考订的工作。这是决定人名索引质量高低的重要一环。然后，就以书中注明“未详”的人名为实例，做了一些查考论证工作，补充注明了其中一些人名。这样的书评就比较有说服力，对索引编制者和读者都有一定的启发和帮助。

另外，对某一部书的评论，还可以把它放到有关的历史文化大背景中去做评价，联系评论某些流行一时的文化现象或倾向。这样不仅可以对图书评论得更准确，而且视野更开阔，更富有启发意义。例如《关于〈百喻经〉及其今译》，在分析肯定了周绍良先生《百喻经今译》的成绩之后，顺便论到了近年出现的古文今译热。作者认为：“古文今译的作用不是鼓励人脱离古文，抛弃古文，而是引导人接近古文，钻研古文，激发人们学习古代汉语，直接阅读古籍的积极性。就像帮助幼儿学步的助步器一样，其作用是扶助幼儿锻炼腿脚，不让他跌倒，并让幼儿逐步摆脱依赖，最后达到独立行走和跑跳自如。离不开轮椅的人是残疾人。毫无古代汉语知识的人，离开古籍今译就对传统文化茫无所知的人也不是一个知识健全的中国人。目前过于泛滥的古籍今译热显示了取消古文废弃经典的幼稚倾向，笔者以为是不可取的。”正是基于这一认识，书评作者充分肯定了《百喻经今译》一书的规范性做法的意义。

有的图书质量问题是属于那种不难发现也不难解决的问题，不是属于疑难问题或历史之谜。那么现存问题究竟是怎么发生的呢？《书品》曾联系分析了当前在贯彻执行三审制中存在的某些松弛现象、有名无实现象。这也是探讨目前图书质量滑坡原因的一种努力。找到了病根，才能对症下药，药到病除。

“建设性交流”的原则是贯穿编辑全过程的指导思想。组稿时，既是“交流”，就要兼顾书稿撰著者、编辑出版者和读者（包括评论者）三个方面，不可只讲一方面的评价。选择作者时，不仅要看他是否有足够的业务水平、识鉴能力，还要看他品德文风是否端正。审稿中要依据“建设性交流”的原则对书评文章提出审读修改意见。对观点正确而基本可用的稿子，也要帮助作者推敲斟酌。如发现有过火、失实或者刺激性太强的语句文字，也要同作者商量，争取做适当的修改或删节。

本文原载《中国图书评论》1996 年第 12 期

关于“编校质量”的大实话

对于图书“编校质量”，最近几年抓得很有声势，也取得很大成绩。由于前些年，图书在文字标点方面差错频出，社会反映强烈，这样抓一下确实很有必要。我赞成继续认真抓提高图书“编校质量”的工作，不过，也希望有关方面对这项工作多做一点辩证的分析。

首先，对于“编校质量”在图书总体质量中的地位与作用应有一个实事求是的估计。目前所说的“编校质量”主要指文字质量、标点符号和其他符号质量以及格式质量。衡量的标准就是上述三方面的差错数与全书总字数的“万分比”。显然，所谓“编校质量”主要只是图书语文质量的一部分，是语文质量中比较直观比较表面的一层，连更深层次的或更为复杂一些的语法和修辞问题也没有完全包括进去。就图书总体质量而言，第一位的显然是图书的内容，是图书内含的精神文化积累。与政治思想质量、科学质量、艺术质量比较起来，“编校质量”显然处于从属地位。

在继续大张旗鼓雷厉风行地抓“编校质量”的同时，我希望有关领导或主管部门能够同样坚决有力地抓图书的政治思想质量、科学质量、艺术质量。图书内容质量是更重要、更需要抓也更难抓的，不像“编校质量”那样好抓。只有直观的表面的东西才便于搞统计，搞评比，因而容易搞得轰轰烈烈，热闹非凡。而思想内容，精神成果，深层次的东西，则必须经过艰苦而深入的思考、鉴别、讨论，才能做出比较切合实际的分析评价。趋易避难是不可能全面抓好图书质量的。

图书“编校质量”的形成有一个从原稿到图书成品的生产过程。它大体可分为四个阶段：原稿阶段、编辑加工阶段、排字校对阶段、付型(或制版)印制阶段。四个阶段的主角各不一样，但都对“编校质量”的形成有直接影响。原稿阶段的主角是著作人自己。原稿的语文质量好坏对图书“编校质量”的形成有直接的基础性的影响。据查，不少“编校质量”差错直接来源于原稿，因此，消灭差错要从根源上抓起，要动员著作权人提高作品的语文质量。抓图书“编校质量”而不重视原稿的语文质量，就是离开了源头和根本。如果掐头去尾地搞“半截子”工程，那就难免事倍功半。第二阶段的主角是编辑，第三阶段的主角是校对。所谓“编校质量”概念的提出，恐怕就是要强调他们的职业意识，加重他们的责任。不过，在著作权法颁行多年后，编辑和校对也只能在符合著作权法精神的前提下尽到自己的职责(编辑对原稿的改动要征得作者同意。校对工作的基本要求是忠于原稿，对原稿负责。如果发现原稿有差错，只能提出问题，改与不改取决于编辑和作者)，他们对图书的“编校质量”并不能承担无限责任。著作权人自己倒是应当文责自负的。无论怎样，总结经验，加强教育，提高编辑和校对人员的职业道德水平和业务素质水平，使他们敬业爱岗，努力奉献，这是出版社工作的永久性主题。付型(或制版)印制阶段的主角是印刷厂工人。有些差错是被编辑和校对发现和改正了的，可是由于印刷厂工人未能严格按操作规程办事，结果发生漏改。也有付型样是正确的而出书时却发现了错误的情况，还有电脑排版制版防止错误的规律人们还不熟悉，其毛病发生在哪里，尚有待研究探讨。总之，从原稿到出书有一个长长的生产加工链，其中任何一处发生问题，都会直接影响图书的“编校质量”。只有四好合成一好(即原稿好、编辑好、校对好、印制好，合成一个出书好)，才能确保质量。

现在开展的“编校质量”检查不是分阶段分工序检查，而是检查成品，检查图书生产过程的最后结果，检查著作过程、编校过程和印制出版过程的综合结果。因此，如果发现“编校质量”问题，那就应当冷静地分析具体情况，找出直接原因，明确主要责任人。如果不区别具体情况，不分析发生差错的具体原因，只要一有问题，就笼而统之地指责和处理编校人员，那就难免脱离实际，违情背理。简单化的处理往往不利于总结经验，改进工作。应该谁的错，谁负责。只有查明病源，对症下药，才能药到病除。

老话说的，没有重点就没有政策。抓图书的“编校质量”，也应当突出重点，带动一般。现在的图书编校的质量分级标准是全行业统一的一个标准：差错率低于0.25/10000的为优质，差错率超过0.25/10000，未超过0.5/10000的为良好，差错率超过0.5/10000，未超过1/10000的为合格，差错率超过1/10000的为不合格。它没有根据图书产品的不同性质、档次、功能、读者对象等有所区分。这和其他行业是不一样的，其他行业大概不同的产品有不同的质量分级标准，同为纺织品，棉毛丝麻，人造纤维，岂可一概而论！在长期出版实践中，人们实际上也是有所区别突出重点的。例如对于马列经典著作、《毛泽东选集》、《邓小平文选》，要保证绝对不出差错。为此，出版社往往全社动员，抽调最优秀的编辑和校对人员来干。一般图书经过三个校次就可以付型，这些经典性著作往往要经过五六个校次，多的可达八九个校次。其次，在政治读物中，党和政府重要文件的质量要求也是比较高的。教材是供人学习的，对质量的要求当然比较高。同样是教材，中小学教材要重于大专教材，语文教材要重于其他专科教材。同样是字典、词典，中小学生用的初级词典要重于中级、高级词典，语文词典要重于专业词典。少儿读物，由于读者都处在长知识学文化的阶段，质量要求就应高于成人读物。还有医药书籍、农药手册、化工手册等，因与人们的生命安全密切相关，质量要求也是比较高的……总之，在“编校质量”方面，对不同品种的图书应区别对待。如果一概而论，就很难说是否宽严适度。提出这个问题，是因为人们不可能把所有的图书都当作重点图书那样对待，投入比较多的人力和财力来保证同样的质量水平。《毛泽东选集》、《邓小平文选》毕竟是特殊重要的图书品种。历史经验告诉我们，压力下的高指标是很难深入而持久的，只有实事求是，区别对待，恰如其分，才能持之以恒。希望有关部门早日制订既符合实际又根据不同品种而有所区别的新的质量分级标准。

新版书与重印书、修订本也应有所区别。要求新版书在刚一问世时就完美无缺，显然不近情理。无论是作者、出版者还是读者，人们首先看重的必然是图书的精神文化内容。新书赖以吸引人的，主要是新思想、新观念、新的科学知识、新的人物形象等。无论是作者还是编辑，新书问世之初，最为关注用力的首先还是内容，这是根本，是主体，是重点，所谓“编校质量”毕竟是从属的第二位的问题。如果因为新版图书在形式上没有做到十全十美，在“编校质量”方面存在某些问题，就片面夸大其问题，把它一棍子打死，那就是因噎废食，等于扼杀了新书，取消了新书成长的权利。正因为新书不够理想和完美，所以出版社才要重视读者的意见，才有挖改重印、修订重印的必要。比较而言，在“编校质量”方面，对重印书和修订本的要求应当严于初版新书。应当允许初版新书有一个不断修改完善的过程，特别是在文字形式方面，在图书的物质外壳方面。在这个问题上，坚持辩证的发展的观点是必要的，不要搞片面性和绝对化。

最近两年，在若干图书评奖的郑重场合，由于“编校质量”方面的问题，某些在精神文化内容方面富有创造性成果的图书竟然落选，一些德高望重的老评委把这种现象称为“遗珠之憾”，人们为此发出了深深的叹息。这些落选的新书，其中不少并没有十分严重的差错，只是因为被抽检部分的“编校质量”没有达到万分之一的合格标准，有的甚至只是在附录的零件上差错多了一点。我们能不能换一个角度思考问题，分清图书质量的主次轻重，避免重犯“买椟还珠”性质的错误呢？创造性的精神劳动成果毕竟是图书质量的主体和本质部分，我们应当百倍小心地爱护初版新书，使它在健康正常的有分寸的批评中日趋健全和完善，而不应当求全责备，稍有毛病即打入冷宫。

有的地方、部门或单位，为了强调对“编校质量”的重视，在评聘职称、奖励先进、调整工资等重要工作上搞一票否决制。某种图书如果“编校质量”检查不合格，就取消它的责任编辑、责任校对的评聘资格，有的罚两年，有的罚三年。这种做法大有商量的必要。无论形势怎样逼人，无论强调什么重要，对人的处理都是慎之又慎的事情，不能以一时一事定人的功过是非，而应始终立足于全面的历史的综合的分析评价上。即使单讲图书的“编校质量”，也要考察它的前因后果。有的图书，从成品差错率的万分比来看确实不合格，而从原稿本来的语文基础看，编辑和校对在审读加工过程中又消灭了原稿中的大量差错。这到底应该评功还是记过呢？有些未成名的作者，在初登文坛时，不乏生活积累、艺术才华而缺少语文功底，他们的处女作往往既有才气，又文字差错迭出。是编辑不厌其烦的审改和帮助，才使他们的作品日渐成熟，他们的语文水平也随之得到了日积月累的提高。在近现代的编辑出版史上，不乏这样的文坛佳话。假设对这样的作家和编辑也搞“编校质量”一票否决制，结果会是怎样的呢？

编辑的劳动是复杂而艰巨的精神劳动，也是龙虫并雕的创造性劳动，它的内容丰富而全面，但是“编校质量”反映的只是文字标点质量(也包括版面格式问题)，是编辑工作质量中的较小一部分，基本没有涉及编辑工作的核心和主体。因此，建议停止使用这种名不副实的模糊概念，改以“文字标点质量”来取代它。正名是为了端正导向。(郭征)

1997 年 6 月 20 日

体验高雅与遭遇亵渎

藏书票是一种精美小巧的纪念品，其画面设计往往凝聚了藏书人的个性特色和制作者的艺术创造。说它是高雅的艺术品，是藏书人的文化修养和人文精神的结晶，从藏书票的品质可以窥见藏书人的精神世界，这大概是不会错的。在北京大学百年校庆之际，一套题为“难忘岁月”的藏书票，在北大校友和文化人中间引起了热烈反响。当亲友馈赠的这套藏书票摆在面前的时候，我欣喜不已。我洗净双手，换上看书眼镜，小心翼翼地打开套盒，谨慎地拆开捆扎的纸带，一张一张地轻轻拿起，反复端详观赏。珍贵的历史图片，浓缩的时代风云，杰出的伟人形象，典雅的格言题词，我沉潜其中，感受到历史的厚重与思想的深邃，体验到艺术创造的精致与高雅。突然，一个错别字映入眼帘，令我心痛。我想，也许这只是偶然失误，白璧微瑕……看着看着，我终于抑制不住一种遭遇亵渎的激动：难道这是真的吗？这是北京大学为纪念百年校庆而隆重制作的艺术品吗？100 枚藏书票，除了每一枚都共有的中英文标志语，票面上所有其他汉字加起来，大约不超过二三千字，怎么会接连出现错误呢？例如第 12 枚“桃李纷芳”，纷应为芬；第 44 枚“读万卷书行万裏路”，裏应为里；第 82 枚“直挂云帆济苍海”，苍应为沧；第 93 枚“座拥书城富甲一方”，座应为坐。……这里没有生僻词语，都是耳熟能详的成语和古典诗词名句，却错得如此轻率和令人痛心。

不是在一片喜庆一片赞美的气氛中，我偏要给人挑刺添堵，我只是想给出版社的同志提个醒：精品图书的出版，不仅要重策划，重装帧，重印制，重市场效应，还要扎扎实实地重视语言文字的规范化，重视编辑加工和校对，重视消灭普通常见的文字错误。严格地说，按新闻出版署现行的编校质量标准来检查，这套藏书票是名副其实的不合格品。功亏一篑，明珠蒙尘。它是怎样三审过关的呢？从 4 名主编、2 名主设计、2 名主摄影、1 名责任编辑，到 3 名监制、2 名出版人，以至 3 名电脑制作，除去重复，累计经手达 15 个人，是都看不出错呢还是思想麻痹互相依赖呢？是老俗话说的“龙多旱，人多乱，鸡多不下蛋”吗？到底谁对它的质量切实负有责任呢？（舒萍）

本文原载 1998 年 8 月 5 日《中华读书报》第 11 版

沉静执著孜孜不倦的人文学者

——在中国古典文献学研讨会上的发言摘要

尊敬的杨先生，各位领导，各位同志：

今天欣逢盛会，能够和学术界、教育界的众多新老朋友一起进行文化交流，探讨有关中国古典文献学的各种学术问题，并且参加杨明照先生九十华诞庆典的暖寿活动，我们感到十分荣幸。我们中华书局是一家有八十七年历史的老出版社，素以普及文化教育、弘扬传统文化、重视文化积累为品牌特色，自1958年以来即以文史哲古籍整理和有关学术著作的编辑出版为自己的专业方向。出版界历来流行一句老话：作者是出版社的衣食父母。任何出版社，如果没有大批新老作者的辛勤研究和慷慨支持，不论其名声多大，眼前多红火，迟早都将陷入资源枯竭的危险境地。凡是作者，不论其年龄和研究方向，只要勤奋钻研，做出成绩，就都是出版社的依靠力量。杨明照先生以其渊博的学识、深湛的功力、严谨的学风和坚韧不拔刻苦钻研的精神，为社会提供了许多古籍整理的文化精品，也培养了不少文史研究的优秀人才。杨明照先生是中华书局的老朋友，是我们的重要作者之一。我们衷心地祝贺杨先生健康长寿，神清气爽，著述不断，高足满堂。寿联“雕龙画凤，须眉尽白；抱朴养淳，德寿双高”短短一十六字，纸短情长，难以表达我们对杨先生的敬佩和感激之情。

杨先生的古籍整理书稿是高水平的。其版本调查周密细致，穷源竟委。文字校勘严谨精切，不只是机械地比勘异文，而是功力深厚，长于判断是非，往往广泛列举内外书证，推求致误之由，以坚实有力的证据是正文字，态度又很审慎，保留原貌，不改正文，只在笺注中阐明己见，以备采择。注释往往原原本本、丰富而翔实，博洽而不旁骛，取舍一以疏通文义为依归。实事求是，既不炫博，也不护短。知之为知之，不知则写明“未详”；能断则断，不能断则注明“待考”。引用前人成果或他人创见，都细致地一一注明，表明了“不掠人之美”的淳朴之风。每治一书都力求完善，总其大成，对遇到的问题多有按断，尽可能有理有据地表明自己的看法。作为一名编辑，我崇奉“只认书稿不认人”的平等态度和民主精神，而我对杨先生的认识则完全来自阅读书稿后积累的印象。总之，杨先生的古籍整理书稿是十分淳厚和地道的文化精品，在重金钱重交易重炒作的浮躁风气下，杨先生的沉静执著、孜孜不倦，其书稿中的人文精神、思想内涵，都是极为可贵的闪光的东西，值得我们后辈人认真学习研究。

2002 年与中华书局美术编辑王铭基合影于中华版样书陈列之前

司马迁在《史记·孔子世家》的赞语中讲过一段话：“天下君王至于贤人众矣，当时则荣，没则已焉。孔子布衣，传十馀世，学者宗之。自天子王侯，中国言六艺者折中于夫子，可谓至圣矣！”从历史发展和文化积累的观点看问题，有价值的人文社会科学研究成果是会世代相传垂诸久远的。我们从事文化积累工作的同志千万不要做“当时则荣，没则已焉”的历史过客，而要在历史文化的积累中留下自己或多或少的一点贡献。我觉得，杨先生是值得我们认真学习的榜样之一。

有一点要向杨先生和学校方面说明：杨先生的《增订文心雕龙校注》是今年4月9日发稿的，共计100多万字，排出校样1174页，目前正在二校的过程中。为了确保图书出版质量，我们必须尊重图书生产的科学规律。不论是什么样的书稿，我们都坚持经过认真审读加工以后再发稿，发排以后，坚持至少由专业人员进行三次校对和责任编辑进行一次通读。我们衷心希望成人之美，有条件时，以能赶上庆祝活动为最好，赶不上也不勉强。以保证质量为第一，不违反规律抢工期，不搞勉强而为的献礼工程。优秀的书稿要有优秀的出版质量：编辑加工得好，排得好，校得好，印得好，设计装订得好。我们将尽力争取该书能高质量地早日出版。

1999年9月5日

本文原载《书品》1999年第6期

全面规划、区别对待与珍爱人才

——古籍整理工作漫谈

古籍整理图书有两个基本的方面，一是学术性古籍整理图书，一是普及性古籍整理图书。前者要求原创性、权威性，要求严谨可靠，渊博精深，富有学术含量，重在文化积累，学术进步；后者要求典范性，可读性，要求深入浅出，雅俗共赏，重在养育民族精神，推广素质教育。对于古籍出版社而言，前者是安身立命的根本，后者是经济增长的源泉。前三届的古籍整理出版规划，受当时历史条件(特别是计划经济体制)的限制，多偏重于面向专家学者的学术性古籍整理图书，在某种程度上忽视或放松了面向中小学生、面向普通读者的普及性古籍整理图书。只有把两方面的整理出版规划有机结合起来，才是一个全面完整的规划，才能比较全面而真实地反映不同层次的读者对图书市场的多方面要求。古籍出版社也只有把这两方面的生产经营任务都组织起来，不断创新搞活，才能在市场环境下，求得自身的生存、发展和繁荣。这方面不少兄弟出版社创造的宝贵经验都值得学习借鉴。

我赞成对现存古籍做一点区分。保存至今的古籍数量很多，有“汗牛充栋”、“浩如烟海”之称。有人估计其具体数量在十五万种左右。根据它们的内容、性质以及流传情况的不同，可以分别提出不同的要求：或保存原貌，或整理提高，或推广普及。粗略地分一下，有些已被历史淘汰的东西，不曾发生多大影响的东西，只要放在图书馆里妥善保管，编好目录以备查检就可以了。这类书一般不需要重新整理出版。这是第一类。第二类是对专业研究人员还有某些研究参考价值的图书，可以影印以广流传。出版的方式是影印，辅以新编的目录、必要的前言及可能编制的索引。它基本上不需要做校点、注释和今译。第三类是流传较广、影响较大，而且有一定代表性的基本古籍。其中版本较少较单纯者，可以不做校勘，主要是做好标点断句。版本众多，流传情况比较复杂的，则不仅要做好标点断句工作，而且要调查版本源流，认真校勘，切实解决文字的讹脱衍倒等问题。校勘和标点可以说是基础性的古籍整理工作。一般的古籍，只要做好校点即可供人阅读研究。有些需要推广普及的优秀古籍及其选本，还要加注释、题解和前言等。第四类是文化价值很高、历史影响巨大的经典性核心古籍。它们数量不多，却源远流长，富有生命力，是民族文化的筋骨血脉。对于这类古籍，仅做基础性的整理是远远不够的，往往还要做考辨、校笺、集释等研究性的整理。在今天，这种研究性的整理工作尤其具有相当的紧迫性。时代转换，老成凋零。有些事情实质上具有抢救遗产的性质。许多人都知道，历史文物有一个不可再生性问题，有的人却忽略了古籍整理人才同样也有一个不可再生性的问题。不同时代环境里成长锻炼出来的人才具有基本素质方面的重要差异。电脑时代的人才与熟读古籍的人才，此长彼短，绝对不可同日而语。人存事举，人亡事废。有的重点古籍研究项目因主持人发生意外而留下永远的遗憾，事后的追悔又于事何补呢？对于第三类、第四类古籍，还有一个选取精粹推广普及的工作，不仅要校勘标点，还要详加注释，甚至附上浅显易懂规范贴切的今译。

至于第三类、第四类古籍的范围和数量，在广泛调查听取专家学者和有关方面人士意见的基础上，是可以确定一个基本目录的。检查前三届规划的完成情况，将它与这份目录对照一下，认真总结其中的经验教训，特别是注意检讨一些重点规划项目长期不能完成的实际原因，客观地分析目前的形势与任务，并有针对性地制订新的政策措施，必将迅速有力地推进今后的古籍整理工作。

从全国范围来看，在古籍专业人才方面，除了要继续重视新生力量的培养教育工作，保证今后的可持续发展外，当前还有一个值得注意的问题，就是对现有骨干力量的使用安排，怎样做才更科学合理，用展其长，各得其所。好钢要用在刀刃上。经过多年的实际工作锻炼，专门从事古籍整理工作的作者和编辑已形成一支基本的队伍。他们人数不多，但是受过严格的专门训练，功底扎实，力量精干，尤其经过多年政治风雨的洗礼，特别珍惜现在的时光，渴望在现职岗位上作出应有的贡献。应当抓紧把这支力量组织到古籍整理出版的攻坚战之中，完成那些专业要求高、业务素质全面的正规地道的古籍项目。

繁体竖排的古籍排版格式确实不符合新生代的阅读习惯，它必将首先在普及的层次上让位于简体横排本，这是不言而喻的事情。但是，对于学习传统文化的年轻人来说，繁体字并不是一道不可逾越的历史鸿沟。繁也好，简也好，都是一个体系的方块汉字。现在的文科大学生，甚至许多喜欢古典文学的中学生，他们凭着一本《古汉语常用字字典》，基本上都能闯过阅读关，识繁写简，畅通无阻。浩如烟海的古籍，能有百分之一的品种经过重新整理就很不错了，能排成简体字的就更少。其实古籍的繁简体字转换是一项非常严肃繁难的工作，真正知道深浅爱惜羽毛的人是不愿轻易涉足其间的。当然，摸索试验工作还是应当做的，这项工作不宜操切从事，不宜短促突击，而应当首先在古籍选本中积极审慎地进行，并注意总结经验，然后再行推广。眼前的当务之急，还是那些多年不得解决的缺门缺项，那些亟待抢救的研究性古籍整理工程，必须组织相当强的专业力量全力以赴，否则，研究性的古籍整理出版规划的全面实现就将留下若干比较大的缺口。机不可失，时不再来。人才之用，千万耽误马虎不得。

新中国培养出来的古籍整理专业人才，目前正处在事业发展的巅峰时期，可是其中不少人已陆续退休或即将退休。古籍专家的成长周期比其他人才长，五六十岁就完全退休未免可惜。对于身体健康的专家来讲，五六十岁正是年富力强、思维最敏捷、经验最丰富、手头最容易出活的黄金时段。如何善待这样一批专家，充分发挥他们的作用，是一个重要课题。中央领导同志讲的“用事业留人，用感情留人，用适当的待遇留人”，应当也适用于他们。在他们还能实实在在做事的时候，抓紧依靠和重用他们，比等到他们都垂垂老矣，再聘为顾问，再给予荣誉职衔，要重要和有实际意义得多！

本文原以“关于古籍整理工作的漫谈”为题载于《古籍整理出版情况简报》总第349期，2000年第3期

温馨的回忆，欣慰的纪念

——写在《王力古汉语字典》出版之际

我是1961年秋入学的北京大学中文系学生。新生报到后的一天晚上，中文系在文史楼一楼的大阶梯教室里开迎新会。系主任杨晦先生以及王力先生、朱德熙先生等老先生都做了热情诚恳语重心长的讲话。杨晦先生着重说明中文系是培养理论研究人才的，不是培养作家的。朱德熙先生讲了治学精神、治学方法方面的意见，他讲得平易生动，明白晓畅。王力先生亲切和蔼，笑容满面，他引述了《孟子·尽心》篇的一段话："君子有三乐，而王天下不与存焉。父母俱存，兄弟无故，一乐也；仰不愧于天，俯不怍于人，二乐也；得天下英才而教育之，三乐也。君子有三乐，而王天下不与存焉。"王先生引用这段话，既表达了他对我们这些一年级学生的殷切期望，也抒发了一位老教育家内心深处的喜悦豪迈之情。这是我第一次当面聆听王先生的教诲，留下了终生难忘的深刻印象。

开学不久就划分专业，我被分配到古典文献专业。古代汉语课是我们专业最重要的基础课，与另两个专业(文学专业、语言专业)比，我们这门课程的授课时数是他们的两倍，所用教材就是王力先生刚刚主编完成的四册一套的《古代汉语》，铅印本还未出来，我们用的是蜡纸刻印的油印讲义。陈绍鹏先生给我们讲课，他讲得很细致，深入浅出而富有启发性，时刻提醒我们注意辨析词义，注意词义的时代性和发展变化，克服囫囵吞枣似是而非的误解。陈先生的教学特点不是他个人的创造，而是体现了王力先生领导的《古代汉语》教材编写组的一贯作风和鲜明特点。新教材所采用的范文讲读、常用词和文化通论三结合的教学模式，使我们受益匪浅。它提纲挈领，重点突出，以感性材料和理性归纳相结合，使我们阅读古书的能力得以迅速提高，也培养和启发了我们自己动手解决疑难问题的治学能力。

《王力古汉语字典》书影

我们古典文献专业六一级同学没有五九级老大哥幸运，给五九级讲课的老师大多数都是校内外著名的专家教授，给我们六一级上课的一线老师则多数是中青年老师。但是我们也有比后面年级幸运的地方，就是课程综合复习或解答疑难时，仍请权威的老教授出场授业解惑。我记得王力先生给我们讲过两小节专业课。铃声一响，王先生就精神抖擞地准时站到了讲台后面，开口即切入正题，没有一句废话。他字句清晰，条理分明，逻辑严密，不紧不慢，整个讲课如行云流水一般轻松自然。最奇妙的是他掌握时间能分秒不差，课程内容讲完了，正好下课铃响，既不需要拖堂，也不需要磨时间等下课。听这样内容饱满而时间紧凑的课真是一种享受。这是只有王力先生这样竭诚敬业而且富有教学经验的老师才能创造出来的一种艺术境界。

有一次，王力先生陪同叶圣陶先生给我们讲写作课，两位老先生你揖我让彬彬有礼的亲切劲儿，至今想起来仍历历在目。课时有限，而叶圣陶先生讲课内容十分丰富精彩。为了节省时间，凡是叶老讲到古诗文的地方，王力先生就主动替叶老写板书。当讲到杜甫的绝句“两个黄鹂鸣翠柳，一行白鹭上青天”时，叶老的口音使“黄鹂”和“王力”的声音显得十分接近，而眼前两位老先生珠联璧合的辛勤讲授，不正是一幅极富联想情趣的诗意画面吗？

毕业以后，我被分配到了中华书局。在中华书局的作者队伍中，王力先生是名副其实的著作靠山和台柱子。他的《诗词格律》、《古代汉语》、《汉语史稿》、《汉语音韵》、《康熙字典音读订误》等著作，不仅极大地推动了传统文化的普及与提高，创造了崇高的学术声望与品牌效应，而且给中华书局带来了可观的经济效益。《诗词格律》虽然只是一个薄薄的小本子，它在传播优秀文化、保护民族传统、养育民族精神、推进文化积累和学术进步等方面所发挥的潜移默化的巨大历史作用，绝不是上百万册的印数和相应的销售码洋及利润数字所能反映得了的。《古代汉语》通用教材及其科学实用的教学体系，培养教育的又何止一两代人！……

王力先生还对书局创办的《文史知识》杂志给以特别的关怀和鼓励。《文史知识》创刊两周年时，王力先生题诗一首，鼓励年轻人“读书要有凌云志，拾级攀登泰岳巅。”1985 年当《北京晚报》举办“最佳杂志大家评”活动的时候，王力先生亲笔写了《我投〈文史知识〉一票》，满怀热情地肯定《文史知识》杂志既介绍了文史知识，又进行了爱国主义教育，内容丰富而又系统，以及编辑不辞辛苦，组织大专家写小文章所体现出来的事业心。王力先生的亲切鼓励，至今仍是激励我们努力办好杂志的精神力量。

在王力先生百年诞辰纪念日，令人感到欣慰的是：《王力古汉语字典》终于以一部完整的高质量的字典由中华书局于今年 6 月正式出版了。这是一部寄托着王力先生的理想的字典，是王力先生词典编纂理论的富有总结性和开创性的卓越实践的成果，是王力先生临终前力疾未竟的遗作。王力先生独力完成的子丑寅卯前四集是他学术生命耀人眼目的最后闪光。王力先生 1986 年 5 月 3 日辞世以后，原来在他身边工作的六位助手受老师嘱托，续写完成了后面的八集，续写部分从指导思想到编写体例也都是遵循王力先生的。这六位先生都是教授，而且好几位属于目前语言学界某一方面的领军人物。同是王力先生的学生，同样都有很高的学术造诣，但在研究重点、业务专长和对师说的继承和发扬上，各人又有自己的风格和特点。有的全面，有的专精；有的长于文字训诂，有的长于音韵；有的精熟于汉语史，有的在词书编纂方面经验丰富……他们共同为完成先师的遗命而做出了艰苦的努力。编写组集体的顽强奋斗和出版社编辑的坚韧执著结合在一起，使字典避免了“人存事举、人亡事废”的不幸命运，使原本可能搁浅的“半截子工程”，在十五年后终于得以圆满竣工。这是一件了不起的事情。在利欲横行、人心浮躁、突显个人价值、消解集体意识的风气笼罩下，这些老一辈的知识分子和人文学者，以其尊师重道的崇高精神境界做出了弘扬民族优良传统的壮举。他们不愧是王力先生的优秀弟子。

《王力古汉语字典》刚刚出版不久，它的价值和意义还有待于社会检验、读者评判。不过，作为一名出版工作者，我深信，随着时间的推移，这部字典在我国词书编纂史上作为一座历史丰碑而存在的价值和意义将日益为人们所深刻认识。王力先生在《序》里讲到的八个特点是从多年理论研究和实践经验中总结出来的精粹之言，是贯穿全书的生命血脉。王力先生说："我写这一部字典，力求释义明确，特别注意词义的时代性，以及本义与引申义的关系。"

《王力古汉语字典》是一部老教育家编写的字典，时时处处都体现着方便学生学习掌握的良苦用心。市面上不少字典都以义项繁富取胜，仿佛越是义项多就越能表现字典之大、水平之高。王力先生却着意扩大词义的概括性，对许多随文释义的具体训诂资料加以整理归纳，消化提炼，并且重视本义和引申义的联系，努力理清不同义项之间的引申发展脉络、结构层次和内部逻辑关系。他写词条一般都是由本义到近引申义，到远引申义，到假借义，使复杂纷纭的众多义项之间的关系变得纲举目张，易于掌握。选字选词注重常用字词。在释义中突出基本义项、常用义项，将冷僻义剔出，列为备考。树立语言发展的历史观点，严格注意词义的时代性，无论注音、释义还是列举书证，都注意贯彻这一基本原则，努力克服一些庞杂繁琐的大型词书所常见的本末倒置、先后失次的毛病，大大提高了字典的科学性。言简意赅的部首总论，有利于读者提纲挈领。同义词辨析则帮助读者深入贴切地掌握字词意义和彼此间的细微差别。标明古韵部，注明联绵字，列举同源字，多方面地丰富了读者的汉语史知识。总之，《王力古汉语字典》的出版必将把有关古汉语字典词典的编纂工作推进到一个更简明实用更严谨科学更具有理性自觉的时代，一个总体水平更上一层楼的时代。薪尽火传，大师去世之后，如何把他未竟的事业发扬光大，这是最重要的纪念。

今年 7 月 6 日晚上，王师母夏蔚霞先生请字典编写组的同志和出版社的有关编辑吃饭，以示感谢和庆贺。我利用午休时间匆忙撰写了一副献给王师母的对联：

字斟句酌，简以驭繁，蔚然成风矣；

典立型成，多而能壹，霞光映日哉。①

班门弄斧，词句生硬，我不过借此聊表寸心而已，它简略地表达了我对这部字典的初步评价。

2000 年 8 月 15 日

本文原载《书品》2000 年第 6 期

① 这副对联写于 7 月 6 日，即庚辰年夏小满前一日。上下联首字嵌“字典”一词，第九字嵌王师母名“蔚霞”。

景仰与怀念

——魏建功先生百年诞辰纪念

魏建功先生是我国高校古典文献专业的创始人之一，是北京大学首任古典文献专业教研室主任。我们北京大学中文系六一级二班的学生，学的就是古典文献专业。毕业于“文化大革命”前的最早三个班的学生(即五九级、六〇级、六一级学生，也就是六四届、六五届、六六届毕业生)可以说是古典文献专业的“老三届”。我们“老三届”的学生幸运地在学校学完了原定的全部基本课程，还有幸受到魏建功先生、阴法鲁先生等老教授的亲自教诲，他们的精神风范和学识、业绩给我们留下了永志不忘的深刻印象。我们念书时年纪轻，知识浅薄，对于魏先生这样声名卓著的老专家、老教授好生敬畏，内心往往不免有一层距离感，魏先生对学生却十分平易热诚。记得还是一年级的时候，魏先生曾邀请我们全班同学到燕东园他家中去做客，在那窗明几净充满书香气息的幽雅环境里，让我们参观他的藏书，展示钱玄同等人的书信手迹，鼓励我们勤奋治学，勇攀科学高峰。魏先生娓娓动人的讲话，使我们原本忐忑不安的拘束心情逐渐放松下来。魏先生亲自担任我们班的文字音韵训诂课的授课老师，记得刚开课时，他是用朱宗莱先生的《文字学形义篇》的油印讲义作教材的。可惜我们刚入学不久，十分害怕文字学的古奥、音韵学的艰深，加上魏先生讲话快，带口音，老实说，当时能听懂魏先生讲课的人不是很多。魏先生还为我们做过古诗文吟诵的示范，他那抑扬顿挫的声调、徐疾有致的节奏以及沉醉涵泳的神态令我们新奇无比，印象深刻。由于教育制度的改革，当时只是长长见识而已，而未能用他示范的方法去学习吟诵。魏先生此时已是北大副校长，全国人大代表。

他追随时代步伐，关心时事政治，自觉改造思想，不断要求进步。每当他接触了解到一些新鲜事物和先进模范的事迹，都把自己的思考和感触介绍给我们，鼓励我们努力向上。他是一位勤奋努力与时俱进的老教授。

1959 年在北京大学中文系开设古典文献专业，这在二十世纪中国文化建设事业上是一件意义重大、影响深远的事情，是一次重要的战略性的人才布局。在革命事业蓬勃发展、经济建设蒸蒸日上的形势下，在不断加强知识分子思想改造的社会氛围中，要不要重视民族文化遗产，如何推进文化积累事业的发展、如何弘扬传统加强古籍整理工作？诸如此类的问题尖锐地提上了人们的议事日程。在全国最具影响的北京大学开办古典文献专业，这一文化建设上的重大决策，表明了中国共产党人的远见卓识，深谋远虑。不管当时人的自觉程度如何，从客观的历史效果上看，古典文献专业的建立，在某种程度上起到了崇尚实事求是反对空疏游谈的纠偏救弊的作用，是对文科学风的一次矫正。在国务院古籍整理出版规划小组和齐燕铭、翦伯赞、吴晗、金灿然等的支持下，魏建功先生肩负历史的重任，殚精竭虑，迅速完成了专业组建的任务。魏先生还以其崇高的社会地位、卓越的学术声望，广泛动员和组织了系内外、校内外大批专家学者参与和加强专业的教学工作，建立了一个善于借助各方面力量协同作战的开放的办学体系。课程设置突出重点，强调培养学生阅读古书的能力及古籍整理的各项专业技能。教学质量是专业建设的生命线。高标准的教学目标与高水平的教学队伍，使我们这些当学生的受益匪浅。就拿我们六一级二班来说，给我们讲中国通史的有田馀庆、汪篯、邓广铭、许大龄等位先生，讲中国哲学史的有朱伯昆先生，讲中国文学史的有金开诚、倪其心、冯钟芸、赵齐平等位先生，讲目录版本学的是王重民先生，讲工具书使用法的是吴小如先生，教日语的是魏敷训先生，讲《史记》专书的是阴法鲁先生等。两个学年的古代汉语课程，除陈绍鹏先生的日常授课外，还有王力先生等权威教授的重点辅导。高水平的讲课极大地提高了我们的学习兴趣，高标准的要求促使我们熟读基本典籍，苦练基本功。可以说，五年学习，终生受益。在古典文献专业的学习实践，为我们毕生事业的发展奠定了坚实的基础。

古典文献专业的老三届毕业生半数以上都分到了中华书局，以后历届毕业生中又源源不断有人充实到中华书局的编辑队伍里。以至一段时间里中华书局曾经被人戏称为北京大学的大本营或者老窝。正是这批朝气蓬勃的新生力量的加入使中华书局的干部队伍朝着革命化、年轻化、知识化、专业化的方向迈进了举足轻重的关键一步。可以说古典文献专业为中华书局干部队伍的建设作出了历史性的贡献。不仅如此，也为全国的古籍整理和文科教学培养了不少人才。现在，各方面情况又有了很大变化，中华书局也早已面向全国广招人才了，但是直到今天，古典文献专业的毕业生仍然是支撑书局出版业务的骨干力量，承前启后开创未来的希望仍然寄托在他们身上。

除了集中分配者以外，分布在全国各地各单位的古典文献专业毕业生，也都以其优良的思想业务素质受到各方面的欢迎。熟悉经典文献，专业技能扎实，综合实践能力强，独立治学能力强，是对他们较为普遍的评价。作为教育家和开创者，魏先生可以说是桃李满天下，无论是在教育战线，还是在出版战线，也无论是在科研机关，还是在基层单位，古典文献专业的毕业生绝大多数都是本单位的顶梁柱或佼佼者。

魏先生不是叱咤风云的政治家、宣传家，也不是发号施令的指挥家。他是一个学养深厚道德高尚的实干家，是一个兢兢业业默默奉献的学问家，是一个群众工作的组织者、实际运动的推进者。无论是在台湾地区组织推进国语运动，还是首创性地按现代语文规范组织编纂《新华字典》，以及组建古典文献专业培养古籍整理和文科教学人才，他都是一个全力以赴的身体力行者，一个真知灼见的学术带头人，一个不事张扬的勤奋耕耘者。

正是由于这一特点，学生中多数人只知道他的《古音系研究》，对于魏先生大量散见的其他学术著述却不甚了了。衷心感谢江苏教育出版社的同志们，他们投入大量人力物力，克服诸多困难，精心编辑出版了洋洋五巨册二百馀万字的《魏建功文集》，使我们得以全面了解他广泛的学术建树，学习他专精而渊博的知识体系，汲取和发扬他始终站在学术前沿开拓进取的科学精神。《魏建功文集》的正式出版，无疑是一件有功于当代、垂教于后世的大好事情，可赞可贺。

在隆重纪念魏先生百年诞辰的日子里，我和毕素娟合作编撰了一副对联：

敬业奉公，乐教爱生，建树有缤纷桃李；

审音定字，化民成俗，功劳在规范语言。

纸短情长，言不尽意。浅词拙句，聊表学生对老师的景仰与怀念之情。

2001 年 7 月 21 日

重温中央指示，爱护专门人才

中共中央 1981 年 9 月下发的关于整理我国古籍的指示，是一个高瞻远瞩、言简意赅，非常实际且具有深刻指导意义的重要历史文件。文件所传达的老一辈无产阶级革命家在整理古籍问题上的深谋远虑和宏伟气魄，令人兴奋不已，激动异常。其指示之深、托付之重，有如耳提面命，我们时刻铭记在心。今天重温这篇指示，仍然感到非常亲切，非常深刻。

整理古籍，把祖国宝贵的文化遗产继承下来，确实是一项十分重要的、关系到子孙后代的工作，是一件关乎民族命运、国家前途的大事。在发展社会主义市场经济，加速实现四个现代化的历史进程中，强调科学技术是第一生产力，努力提高全民族的科学技术素质是非常重要的。同时，加强精神文明建设，努力以社会主义的先进文化丰富和充实人们的精神世界，努力提高全民族的人文思想素质也是非常重要的。其中，继承民族文化遗产，弘扬优秀传统文化，具有传承历史、培养根本的基础作用。正因为如此，学理工的人也要有一定的中国文化传统的知识才行。今后，在继续办好理工科的同时，应当加强大学的文科教育，并从小学开始，就让学生读点古文。总结今天教育改革实践中的成功经验，深深感受到二十年前中央指示精神是多么富有深邃的历史穿透力。

中央指示下发后的二十年，正是我国实行改革开放政策、四个现代化建设迅猛发展的二十年，也是由传统的计划经济体制向新的市场经济体制转变的二十年。在中央指示的鼓舞和指引下，以出版古籍整理图书和相关学术著作为己任的中华书局，克服困难，发奋图强，在实际工作中作出了可观的贡献，出版了大批文学、语言、历史、哲学等方面的古籍图书，并以其原创性、权威性，以较高的整理校点质量或注释质量，赢得了广大读者的信赖与欢迎。

在历史方面，继点校本二十四史和《清史稿》之后，又出版了《二十四史研究资料丛刊》、《历代史料笔记丛刊》、《中外交通史籍丛刊》、《中国古代地理总志丛刊》、《中国古代都城资料选刊》、《历代纪事本末》、《清代档案史料丛编》、《清史列传》、《清稗类钞》等多系列基本史籍，影印了《永乐大典》、《宋元方志丛刊》、《清实录》、《清会典》等珍贵历史资料。在文学方面，除增订校补《全唐诗》、《全宋词》和重印旧有总集、类书外，还新编出版了《全唐五代词》、《全金元词》等。《元诗选》、《全明词》、《全清词·顺康卷》也均已在排印中。诗文别集方面，《中国古典文学基本丛书》已陆续出版二十多种，包括《诗经注析》、《李太白全集》、《王维集校注》、《杜诗详注》、《白居易集》、《李商隐诗歌集解》、《苏轼诗集》、《苏轼文集》、《顾亭林诗笺释》、《龚自珍己亥杂诗注》等名家名作。带研究性的《古小说丛刊》、《明清传奇选刊》陆续按计划出版，普及性的小说读本也经过认真整理点校，不断投入市场。《古典小说四大名著聚珍》(包括《水浒传》、《三国演义》、《西游记》、《红楼梦》)以精选版本、名家整理为特色，质量高雅不俗。在语言文字方面，《甲骨文合集》、《殷周金文集成》都是当代集大成之作。有关《说文解字》的考释著作已出版多种，初具规模。音韵学、训诂学方面的重要图书也得到部分整理出版。在哲学、宗教方面，具有更新换代意义的《新编诸子集成》，除个别品种亟待配补外，可以说已接近出齐。以总结反映清代经学研究成果为目标的《清人十三经注疏》已整理出版过半。如果出齐，则将能取面目陈旧的阮元《十三经注疏》而代之。版本珍贵、卷帙浩繁的《中华大藏经》一百零六册已全部出齐。《中国佛教典籍选刊》、《中国道教典籍选刊》以及《理学丛书》，均系尝鼎一脔、撮取精要的选题计划，现已出版若干重要品种，受到各方读者的欢迎和关注，而后续的工作尚任重道远。

以上介绍是十分概略粗率的，不过它足以说明，在近二十年时间里，中华书局为落实中央指示，在基本古籍和经典性核心古籍的整理上，是倾注了大量心血，付出过艰苦劳动的。

中央指示还强调，为了让更多的人看得懂，整理古籍要有今译。今译要经过选择，要列出一个精选的古籍今译的目录，不要贪多。中华书局为此编辑出版了《中国古典名著译注丛书》，目前已出版九种，包括《论语译注》、《孟子译注》、《孙子兵法新注》、《老子注译及评介》、《庄子今注今译》、《周易译注》、《春秋左传注》、《左传译文》、《孝经译注》。另外还出版了《名家精译古文观止》、《世说新语译注》、《文心雕龙译注》、《通鉴故事百篇》、《百喻经译注》等，《礼记译解》也即将付印。这些书，选题是精选的，作者是杨伯峻、周振甫、周绍良、王文锦、陈鼓应、沈玉成等知名作者。译文忠实可靠、通达流畅，有些篇章的译解几经锤炼，达到了传神动人的地步。遗憾的是，这些古籍今译的精品，其宣传推广工作远未达到令人满意的程度。

中央指示，对古籍孤本、善本要采取保护和抢救的措施。散失在国外的要争取弄回来，或复制回来。要有系统地翻印一批孤本、善本。中华书局在李一氓同志主持下，组织有关目录版本学家、古籍整理专家傅熹年、赵守俨等精心编选了若干宋元以来的珍本善本，辑印了《古逸丛书三编》，收书四十三种，包括南宋杭州刻本《忘忧清乐集》、南宋孤本《金石录》、宋绍兴残本《大唐六典》等珍稀版本，全部影印线装，力图保持原貌，共装四十四函一百四十五册。《古本小说丛刊》汇集影印古小说一百七十三种，其中既有国内收藏的珍本、善本，也有海外学人辗转复制引进的孤本秘籍。影印本《列宁格勒藏本石头记》、《宋元方志丛刊》、《清人书目题跋丛刊》、《龙龛手镜》等，也都弥足珍贵。历史经验告诉我们，在抢救遗产、保护善本方面，影印出版业务有不可替代的重要价值，对于影印专业技术人才，要培养提高，关心爱护。

中央指示强调，整理古籍需要有一个几十年陆续不断的领导班子，保持连续的核心力量。要大力培养真正能够独立整理古籍的人。从事整理古籍的人，不但要知识基础好，而且要有兴趣。强调制订长远规划，第一个十年，先把基础打好，把愿意搞古籍整理的人组织起来，以后再逐步壮大队伍。对整理古籍方面的专业人才，要创造条件让他们发挥业务专长。要为整理古籍的专门人才创造较好的工作条件和生活条件。

中华书局之所以能在古籍整理图书出版方面做出一些成绩，除了中央指示的光辉指引和古籍规划小组的正确领导外，很重要的一个原因就是较早培养和聚集了一批思想素质好、业务功底扎实的古籍整理专门人才，不仅文史哲等大门类齐全，小分科各有把关，而且从上古直到近现代，几乎所有重要时段都有相应的称职编辑，是一个年龄结构合理梯次递进的队伍。如此人才队伍，济济一堂，相得益彰，所以才能担负协助规划小组起草和制订历届规划的重任，才能在审读加工各类古籍整理书稿上做到自力更生，应付裕如，对作者有所帮助、补益，也才能在部分项目找不到合适作者时，编辑拾遗补缺，自行承担部分古籍整理任务。强大的专业编辑队伍和潜移默化中养成的无私奉献的高尚精神、严谨细致的治学风气和一丝不苟的工作习惯，使中华书局的出版物基本能保持在较高的质量水平上。

改革开放以来，社会情况发生了巨大的变化。今天，社会经济体制正处在前所未有的深刻变革之中，由传统的计划经济模式向新的市场经济模式转轨变型，由单一的公有经济向多种经济成分共同发展的局面转变，各种各样的思想道德、价值观念也都在错综复杂的冲撞摩擦中重新定位。在复杂深刻的社会变化之中，人才的流动难以避免，但成熟的编辑骨干的流失是令人深为遗憾和惋惜的。古籍整理事业的发展需要大批专业人才服务于其中，奉献于其中。重温中央指示，更深切地感到人才问题的迫切性和重要性。我们应当胸怀全局，认真学习贯彻中央指示，做好工作，用事业留人，用感情留人，用适当的待遇留人。没有一个基本稳定而且具有相当数量的高素质的古籍整理人才队伍，是绝对不可能迎来古籍整理事业的健康发展的。

本文原以“重温中央指示的回顾与思考”为题载于《古籍整理出版情况简报》总第 367、368 期合刊，2001 年第 9、10 期合刊

要重视编辑工作含量

最近几年有一个事实十分明显，就是世纪转换，老成凋零，文化界出版界许多德高望重的老一辈专家相继谢世，他们既留下了丰厚卓越的精神文化遗产，也留下了一些未能了结的艰巨任务，巨大的空缺有待新人填补。同时，编辑队伍的更新换代进入一个新的重要时刻，“文化大革命”前毕业的大学本科生目前基本上退出了出版工作第一线。一茬人有一茬人的特点，长短优劣，各有不同，无论在世界观、价值观以及思想作风上，还是在文化根底、知识结构、业务技能上，不同时期培养教育出来的人才都有时代的烙印和各自的特点。新陈代谢是宇宙间的根本规律。而今，一些出版社里新人辈出，硕士博士成群结队，英姿勃发，议论风生，工作干得虎虎有生气，看到这种气象，谁不感到高兴呢？面对新老交替的这一现实，如何使新的人才健康成长以适应古籍整理出版事业发展的需要、如何体现古籍整理图书出版的规律性要求、如何从人才培养上实现古籍整理出版事业的可持续发展，这些，都是需要我们认真考虑研究并加以解决的问题。

图书内在质量一般有两个基本组成部分，一是作者方面的撰著工作含量(对于古籍图书，就是整理工作含量，校点注译工作含量)，二是出版者方面的编辑工作含量。撰著工作含量是图书内在质量的基础，是决定性的。编辑工作含量虽然是从属于前者并服务于前者的，却对前者有着至关重要的巨大影响，编辑工作含量决定着图书内在质量的最后定型。优质图书和一般图书的重要区别，往往更多地表现在编辑工作含量上。是优秀编辑的严谨求实和无私奉献在为图书质量把关，也是他们精益求精一丝不苟的审读加工使图书质量趋于坚实和完美。从事编辑出版工作的同志，随时随地都要重视编辑工作含量，强调编辑工作含量，落实编辑工作含量。

编辑工作含量的内容是十分丰富的，它包括规划的制定，选题的策划，作者的选择，版本的调查，凡例的磋商，政治的审读，学术的评判，内容的订补，文字的加工，规格的统一，引文的核对，附录、索引的添加，版式设计的构想，校样的通读和审核，甚至印刷材料的选用，宣传、推介的组织等。既包罗万象，错综复杂，又贯彻始终，覆盖编辑出版的全过程。前期工作(例如上述前五项)的重要性，中期工作(例如中间七项)的严肃性，后期工作(馀下各项)的必要性，所有各项工作融汇在一起，才能为优质图书的诞生提供基本的保障，任何一个环节都是不可或缺的，稍有马虎大意，就可能造成遗憾。

编辑出版古籍图书要比其他图书多一些特殊的困难，那就是时代的距离和语言的障碍。为了克服这些困难，古籍社的编辑至少应当精通古代汉语，熟悉基本经典，具备较强的阅读古书的能力。这是基础，是起步的前提条件，而古籍整理专业知识和技能的培训则是进一步的要求。资深老编辑的退休，中年骨干编辑的外流，造成了某种程度的青黄不接，传帮带的链条出现了若干缺口，这不是某一家古籍社面临的问题，存在一定程度的广泛性。新加入古籍整理编辑出版队伍的同志要看清形势，认识业务进修的紧迫性、严重性，抓住一切有利时机学习，千方百计地丰富知识，增强能力。全国古籍整理出版规划领导小组果断举办专业古籍编辑培训班是适时的，功莫大焉，但是短期的集中培训只能指示门径，开启思路。真正要解决问题还得要依靠潜移默化的传帮带，依靠编辑工作实践中的日常积累。因此，在培养后继人才方面，日常就重视编辑工作含量也是一项切实可行而且功效显著的重要措施。

最近几年，许多古籍社都出版了不少优秀的古籍图书，既有高层次的研究成果，也有深入浅出雅俗共赏的普及读物，这是一方面。另一方面，因编辑工作含量不足而存在缺点的图书以及因编辑工作含量严重不足而形成的劣质图书也时有所见，令人心忧。编辑人才的青黄不接，经济利益的盲目驱动，图书市场的浮躁不安，量化考核的简单推行……多方面复杂原因影响到编辑工作含量，结果是图书质量良莠不齐，有的质量差错令人惊诧和感叹。

有的书把作者名字搞错了，例如一本讲声韵对仗的《声律发蒙》，出版者标注的作者署名是“〔清〕杨林兰”，把时代和人名全搞错了。此人实际是居住在云南嵩明县杨林千户所的明代学者兰茂(号止庵)，该书前后序跋里留有查考的明显线索，编辑却视若无睹，把地名和姓氏误拼成人名。而且第一家出版社错了，续出的几家也跟着错，甚至有人著文指出这一错误后，有的还照印不改。有部书稿的序言引用了南宋著名理学家朱熹的一首诗：“半亩方塘一鉴开，天光云影共徘徊。问渠哪得清如许，为有源头活水来。”引用时作者笔误将“鉴”字写成“境”字(还不是“镜”字)，竟然通过了三级审稿的道道关卡，白纸黑字地印在书上。这首小诗脍炙人口，流传很广，过手的人但凡认真读过稿子，应能发现和改正这个显误。因为作者是一权威学者，这篇序言就有了豁免权，结果未能彰显权威，反而将偶然的过失固定在书面上。还有一些文字上的妄改，似懂非懂，照葫芦画瓢，甚至主观臆断，以误改正。例如，将道家祭告神祇的书札“白简”写成“自简”，将叶德辉家的“郋(音 xí)园”擅改成“即园”，将“藏弆(音 jǔ)”写成“藏弃”，将剧毒植物“乌喙(音 huì)”错成“乌啄”，将两汉时期的郡名“越巂(音 xī)”妄加分拆，写成“越崔门”，将剧毒物质“礜(音 yù)石”错成“礬石”等，或风马牛不相及，或音义俱失。更可诧异的是有的人还让排字工人新造了一些古今字典上没有的字，如将“餡”(音 xiàn)字改写成“䏜”字，“䱇”(鳝的异体字)本来左旁从鱼，右旁作旦，却被写成“䱇”字，叫读者上哪里去查找！

上面简单列举一些有点极端的事例，但也都是近一些年来古籍出版中的真实事例，足可以说明存在问题的严重性。赚钱要紧，数量第一，粗枝大叶，敷衍塞责，不读稿就发稿，不审稿就签字，三审制流于形式，《图书质量保障体系》形同虚文，此类性质的问题在不同的地方有不同程度不同形式的多样表现。不坚决治愈这一顽症，就谈不到古籍整理出版事业的健康发展。我们应从思想观念到工作制度，从改革政策到分配机制，从操作流程到奖惩措施，都要有利于重视和加大编辑工作含量。只有这样，才能促进优质图书的诞生和骨干编辑的成长。

本文原载《古籍整理出版情况简报》总第 376 期，2002 年第 6 期

《全清词·顺康卷》出版感言

《全清词·顺康卷》是全国古籍整理出版的重点规划项目之一，从1982年李一氓先生提出倡议，到今年5月全卷出齐，前后经历了几乎二十年时间。南京大学中文系《全清词》编纂研究室的同志们承担了这一规模浩大、艰难复杂的古籍整理任务，从调查研究、普查访问、征集资料、复印抄写，到拟定凡例、校勘标点、撰写小传、统稿誊清，一边是学校日常的教书育人工作，一边是头绪纷繁浩博无涯的整理研究，编纂工作可以说是筚路蓝缕，艰苦备尝。经过试写样稿、审读退改这样多次往返的商讨和推敲，到1986年底，《全清词·顺康卷》的初稿基本完成，成箱成捆的原稿开始陆续交到中华书局。从初稿到基本定稿，中间又经过了多少次的修订与打磨，1994年5月，《全清词·顺康卷》第一、第二两册正式出版。

改革开放以后，国家的社会经济形势发生了极大变化，经济体制转轨变型，中华书局面临一个新的问题，即在市场经济体制的环境条件下，如何走出一条自我生存、自我发展的康庄大道。书局内部的频繁改革和外部的集团化改组，都是想解决这个问题，以适应形势，面对竞争。不论改革发展的路还有多长，古籍整理和相关学术著作的出版始终都是我们的主业，中华书局在长期历史发展过程中形成的专业特色和品牌优势都将得到巩固和加强，我们作为全国古籍整理出版规划领导小组办事机构的地位也不会改变。《全清词·顺康卷》这一项目的文化积累价值是有目共睹的，文献整理是古典文学研究的基础工程，没有丰富翔实的经过科学整理的第一手资料，任何高论都将是无源之水，无本之木，只能是主观臆想的无根游谈。1982 年、1992 年、1996 年、2000 年，《全清词·顺康卷》连续四次列入国家古籍整理出版重点规划项目，充分说明了这一项目的重要意义。为迎接南京大学百年校庆，也为了迎接中华书局九十周年局庆，我们组织力量对未发的 700 多万字原稿做了力所能及的审读加工，基本解决了原稿中的遗留问题，并于 2000 年底将稿子全部发齐。担任复审统稿繁重工作的是老编审孙通海同志。为了保证按时出书，《顺康卷》曾一度占用了书局的全部校对力量。通读校样的编辑人手不够，我们又动员了其他几个编辑室的许多同志，大家同心协力，按照责任编辑归纳出的工作细则和用字规范等要求，认真地逐篇逐段地通读和解决问题。编辑室还利用电脑编制了全书的作者索引，对查重查错起了很好的作用。为了争取时间，“五一”黄金周期间，编辑室和出版部的同志还在工厂加班，核红改样，出胶片监印，一天也不敢懈怠，终于在 5 月 16 日拿到了全卷的样书。全卷精装 20 巨册，390 多印张，800 多万字，共收录2 105位作者的词作 53 437 首。我们之所以这样努力，这样认真执著，既是因为出一次书非常不容易，特别是这样规模浩大的古籍项目，既然上马就要尽量把工作做得好一点，少留一些遗憾，也是为了保证图书质量，并在编辑出版者和作者、研究者之间建立一种优势互补、荣辱与共的友好合作关系。

南京大学是一所历史悠久、人才荟萃、学养深厚、贡献卓越的国际知名的高等学府。百年教泽，源远流长；淳厚校风，代代相传；以人为本，与时俱进；教学研究，名列前茅。如今的南京大学远不是当年“中西合璧、文理兼通”等简单说法所概括得了的学校，它突破旧的办学模式，经过多年建设，形成了人文社会科学、自然科学、管理科学和现代工程技术等多学科全面协调发展的宏大规模和崭新格局。江总书记十年前的重要题词“把南京大学办成具有国际影响和富有特色的教学科研中心”正在得到强有力的贯彻执行。历史已经证明，过去的百年，南京大学人才辈出，硕果累累。在《全清词·顺康卷》出版之际，我们衷心地祝愿在新的百年中，南京大学在攀登世界教育科研高峰中取得更大更辉煌的成就，为国家培养更多更优秀的人才，为世界贡献更先进更卓异的科研成果。

作为中国出版界资格最老的出版社之一，中华书局自创办至今也已经九十周年了，我们将在六月上旬举行局庆九十周年的纪念活动。无论是过去还是现在，中华书局和南京大学都有着长期友好的多方面合作，尤其是“文革”结束拨乱反正以后，中华书局和南京大学的文史哲各系以及古籍研究所都曾有过密切的合作。不仅是古籍整理图书和学术著作方面，我们出版了南京大学师生的许多优异成果，而且南京大学也给中华书局培养和输送了一些优秀的编辑人才。在日常业务工作中，我们还时常能够从南大师生中听到许多具有真知灼见的热情建议和宝贵批评。在这里，我要郑重地代表书局表示我们真诚的感谢之情，谢谢南京大学的关心、支持和帮助，并衷心希望今后能保持和继续加强名牌老校与名牌老社之间的友好合作。

尽管南京大学中文系《全清词》编纂研究室的同志们殚精竭虑，做了艰苦努力；尽管中华书局的编辑、校对和印制人员也竭尽所能地付出了心血和汗水，但是，即使组织再严密，设想再周到，由于工期有限而学无止境，正式出版前的整理研究到底只能是初步的基础的文献性的，总不可能十分深入和完美。正式出版以后，才能有更多的专家、更广泛的读者参与阅读，参与研究，参与批评，也才有更富裕的时间、更从容不迫的心态，细心地揣摩，反复地推敲。所以对于《全清词·顺康卷》出版中的缺点错误，我们诚恳地欢迎读者批评指正。图书的质量只有在读者的关心和批评下才能不断提高，逐渐趋于完善。

《顺康卷》只是《全清词》的开头一部分，约占全书的五分之一。有上个世纪八九十年代的普查和征集做基础，希望南京大学方面利用得天独厚的优势，克服困难，将《全清词》后续各卷的编纂工作继续进行下去。

最后，借饶宗颐先生第一册序言中的一句话凑成一副小对联，对《全清词·顺康卷》的出版聊表祝贺之意：“尽爬梳力，绵声雅于不坠；收辑校功，验词林之中兴。”

2002 年 5 月 22 日

本文原载《书品》2002 年第 5 期

教学、科研与出版相得益彰

——在姜亮夫、蒋礼鸿、郭在贻先生纪念会上的发言

我谨代表中华书局热烈祝贺姜亮夫、蒋礼鸿、郭在贻先生纪念会暨汉语史、敦煌学国际学术研讨会顺利召开，并祝大会取得圆满成功。

浙江大学是一所历史悠久、人文荟萃、学养深厚、贡献突出的国际知名的高等学府。其人文学院名师辈出，硕果累累，硕彦新秀，后先相继。姜亮夫、蒋礼鸿先生开创在前，郭在贻先生承前启后，而现在年富力强肩负教学科研重担的各位先生则正沿着前辈大师开辟的道路奋勇前进，争取更加发扬光大的灿烂业绩。姜亮夫先生、蒋礼鸿先生、郭在贻先生，他们三人学识之深湛，著述之广博，作风之精严，眼界之开阔都是令人由衷敬服的，他们都为社会为后人提供了许多具有文化积累价值的学术精品，也培养了许多继承其优良作风的杰出人才。对于人文学院及其所属的汉语史研究中心和古籍研究所来说，目前的状况可以用两句成语来形容，一句是薪尽火传，三位先生虽然去世了，他们的人品、思想和学术事业都有人继承和发扬光大，一句是桃李芬芳，三位先生的弟子们都成长起来，成了光大师门的教学和科研骨干。只要看看人员名单，看看他们丰硕的研究成果，这八个字应当说是可以当之无愧的。

在会议筹备过程中，浙江大学方面把《郭在贻文集》的出版任务交给了中华书局，这是对中华书局的信任和重视，也是给了我们一个还愿的机会。我很遗憾没有和郭在贻先生见过面，但是我早就读了郭先生的绝大部分论著，翻一翻四卷本的文集，除了往来信函以外，郭先生大部分论著和文章，我都是在发表时读的。阅读当时有两个感受十分鲜明，一是在训诂学和俗语词的研究方面，他抉隐发微，多所发明，而且论证翔

实，确凿无疑，一般都列有丰富的书证，言不虚发，发则中的，绝不凭孤证臆测立说。郭在贻先生的文章常常给人耳目一新的感觉，纠正我许多望文生义或不求甚解的误解和疏失。研究训诂和语言的人文章写得如此翔实生动，让非专业人员看了觉得非常受益，这是很不容易的。二是其学术论著的质量给人的总体感觉是厚积薄发，游刃有馀。这次看四卷本文集更验证了这一点。郭在贻先生是在潜心研读多年之后，在广泛涉猎经史子集、戏剧传奇及笔记小说资料，在文字、音韵、训诂、语法、修辞各方面都做了丰厚扎实的准备之后才开始发表文章的。因为准备得厚实，所以一发而不可收，作品集中而精彩。其考释引证之精详，看似触类旁通，左右逢源，得来全不费工夫，殊不知是顶着多大的外界压力，耗费了多少日日夜夜的苦读强记，才能做到博学通识，腹笥广大。他发表的文章多精品，多创获，而且精益求精，不断修订，足以传世。郭在贻先生真正是一个清贫刻苦、真诚豪爽，以学术研究为生命动力的真正的学者。1989 年初当听到他英年早逝的噩耗时，我们无不为之震动和叹息。他是我们同时代人的楷模，是我神交多年的良师益友。中华书局副总经理、当年国务院古籍整理规划小组办公室主任、我的同学沈锡麟同志当时撰写了一副挽联："晤面无缘论知己，三生恨事；刻书有愿证同怀，一瓣心香。"说出了我们的共同的心声。为这样人品高尚、学识精深的学者出书，出版他们经过时间考验的具有文化累积价值的学术精品，这是中华书局的光荣和骄傲。我们中华书局重点项目部的李解民、李晨光同志和浙江大学张涌泉、方一新、王云路等同志密切配合，用了不到三个月的时间终于在会议前夕赶印出了这部书，这是令人欣慰的。纪念三位先生就要以他们为榜样，锤炼自己的人品，发扬优良的传统，去浅薄，忌浮躁，戒急功近利，禁沽名钓誉，实事求是，刻苦自励，在教书育人和学术研究或编辑出版的伟大事业中作出自己应有的贡献。

我 22 日下午还在南京大学开会，参加《全清词·顺康卷》的首发式暨清词学术讨论会。《全清词·顺康卷》是中华书局和南京大学中文系《全清词》编纂研究室自 1982 年开始合作的一个大型古籍整理研究项目。《顺康卷》全卷精装 20 巨册，390 多印张，800 多万字，共收录2 105位作者的词作 53 437 首。是南京大学百年校庆的献礼书，文科研究的标志性成果，也是中华书局局庆九十周年的重点书。22 日下午开完会，23 日上午就坐上了南京开往杭州的火车赶到这里，临时受命代表书局发言，下午三点左右到金溪山庄，匆匆忙忙写个发言稿，难免有仓促欠周之处。不过我还要借此机会讲一讲，作为中国出版界资格最老的出版社之一，中华书局创办至今也已经九十周年了。无论过去和现在，中华书局和浙江大学人文学院(原杭州大学)有着长期的友好的多方面合作，不仅出版过前辈大师的学术论著，也出版过后起之秀的新锐作品。古籍整理和相关学术著作的出版一直是中华书局安身立命的主业。我们在长期历史发展过程中积累形成的专业特色和品牌优势，在改革发展的过程中只能巩固和加强。我们作为全国古籍整理出版规划领导小组办事机构的地位不会改变。我们真诚地希望和浙江大学人文学院，包括汉语史研究中心、古籍研究所等部门继续保持和加强友好合作，当然这种合作不是排他性的，我们也和其他高等院校、科研机关多方面合作，在研究、出版、交流、切磋的进程中，建立一种互信互助、优势互补、荣辱与共的建设性关系。我希望：我们计划合作的项目，例如《敦煌文献合集》、《孙诒让全集》、《仪礼正义》和《水经注》等重大合作项目，都能高质量地顺利完成。无论何时何地，出版社的发展都离不开高等院校、研究机关和广大作者的热情支持。谢谢大家！

2002年5月23日

乐于奉献循循善诱的好老师

——缅怀阴法鲁先生

去年3月8日我从一个不太熟识的同志那里听说阴先生去世了，丧事办得比较简单和匆忙。我听了以后心里空落落的，不免感到奇怪："真的吗？怎么连个讣告也没有呢？"我只是阴先生众多学生中的一个，个人没收到讣告并不值得奇怪，可是中华书局有阴先生那么多的学生，怎么没有一个人收到讣告呢？我有点不相信，那位同志也只是说他再打听打听，把情况搞确实。后来此事没了下文，但阴先生去世的事却得到了多方证实。我随即想到了臧克家为纪念鲁迅先生写的一首诗《有的人》。诗不太长，我记得前面几句是"有的人活着/他已经死了，/有的人死了/他还活着。/有的人/骑在人民头上：'呵，我多伟大！'/有的人/俯下身子给人民当牛马。"阴先生就是一个为教书育人奉献了毕生精力的人民教师，他全心全意地为学生服务，他活在我们的心中。我当时还想到，有一件事必须要有个明确的结果：编辑出版阴先生文集的事。大约十年前，阴先生曾为自己编过一个文集，被在商务印书馆工作的北京大学中文系古典文献专业毕业生任雪芳同志拿走了，准备在该馆出版。后因修改，阴先生又索回了原稿，一直未肯交出。后随着任雪芳同志退休，此事便没了下文。上个世纪九十年代末，中华书局曾经立项，着手准备出版这部文稿，因为阴先生发生脑软化等病症，稿件拿不出来，事情就搁浅了。阴先生去世之后，我们再一次联系好，由家属和严绍璗先生等帮助搜集整理，编好后交给中华书局出版。因为阴先生和中华书局的工作关系十分密切，曾参加点校二十四史等多项工作，而且我们这些阴先生的学生在书局集中得比较多，所以由中华书局负责出版阴先生的文集是我们义不容辞的责任。现在，阴先生去世都一年了，这件事更应该有个明确结果，更应该抓紧落实。我在这里郑重表示：阴先生文集交给中华书局出版，我们一定可以把这件事办好，一定不辜负老师对我们的培养和教育。我的同班同学、编辑部的崔文印同志对此事非常上心，愿意担任责任编辑，为此他做过多次努力。由这样一位老编审来做责任编辑，编辑出版的质量是有充分保证的，家属和学校方面应该可以放心。

我是中文系古典文献专业1961级的学生。我们在校学习时，阴法鲁先生已是专业教研室的副主任。阴先生为我们班开过《史记》专书课，又为我们讲过中国文化史专题讲座。阴先生还担任过我的毕业论文指导老师。1966年四五月间，我把写好的论文初稿交给了阴先生，准备聆听阴先生的教诲。由于“文化大革命”的突然爆发，正常的教学秩序完全被打乱，我的论文也被退回。从此，老师和学生都被卷入到“红色风暴”的漩涡之中，我失去了一次珍贵而深入的受教育机会。后来再见到阴先生已是1971年6月以后，“中华”、“商务”开始恢复出版业务，我刚从咸宁文化部五七干校返回北京。阴先生到中华书局参加点校二十四史，每天清早从北大校园骑自行车到王府井三十六号上班，早早赶到单位以后，还要打扫楼道，拖地板，有时还擦窗户，擦楼梯扶手。数年之间，风雨无阻。撇开极“左”政治对知识分子的迫害不说，阴先生这样劳动锻炼，刻苦自励，确实体现了“俯下身子给人民当牛马”的奉献精神，也保护了那些年岁更大的老专家老学者。阴先生不仅完成了《隋书》的点校定稿工作(当然是以“文革”前汪绍楹先生的点校稿为基础的)，还发挥专长，帮助审定了各史有关乐律的志、记。完成这些工作的艰巨性和学术性是不言而喻的，而且当时都是不署名的，也没有稿酬，一律作为公职作品对待。

回忆在校时的学习生活，都已四十年了，阴先生给我们讲课的生动情景还历历在目。在本专业老师的讲课中，我们比较爱听阴先生的课，它清楚明白，激发人的学习兴趣。当老师要以教学为本。评价一位老师，要在教学上看业绩，于细节处见精神。阴先生讲课时，那朴素整洁高瘦挺拔的形象，那慢条斯理从容不迫的风度，那要言不烦清晰明朗的思路，那字斟句酌一丝不苟的语言，那笔画规矩工整清秀的板书，那谆谆告诫循循善诱的关切，令人神往地引导着我们由浅入深由近及远地深入钻研。阴先生的教案都是厚积薄发、深入浅出的，他不追时髦，不求花哨，本本分分，朴实无华，教给学生的都是实实在在的东西。我曾撰写一副对联形容阴先生的教学艺术：“字斟句酌，循循善诱，阐发经典本意；语缓音明，娓娓动听，涵养民族精神。”阴先生待人亲切平易，不端架子，无论哪个同学提出问题，阴先生都认真细致地热情解答。尺有所短，寸有所长。阴先生善于发现和表彰学生中的每一点进步，诚恳待人，启发诱导，正面鼓励，从无疾言厉色、生硬训斥。面对这样的关爱与期望，做学生的能不努力进步吗？尤其令人尊敬崇仰的是阴先生大公无私乐于奉献的精神。阴先生的学术专长本是中国古代音乐史，自从1959年北大成立古典文献专业，不久阴先生就从历史研究所调到了中文系，他满腔热情地投入到专业教研室的组织和教学工作中，他的主要精力和大部分心血都贡献给了本职工作，贡献给了教书育人的事业，原来的学术专长反而成了业馀劳动了。作为一名人民教师，一个专业的文史研究工作者，有的人以著作丰盈名世，有的人以道德文章著称，阴先生则是以桃李芬芳、培养了一批又一批优秀人才而无愧于世。阴先生的弟子遍布于许多部门，无论在科研院所、大学讲坛，还是在出版战线，个个都是本单位的业务骨干和栋梁之材。阴先生谦逊厚道，凝重自持，从不夸耀于人。但是“桃李不言，下自成蹊”，献给教育家的历史丰碑是耸立在一代又一代学生心目中的。启功先生曾为教育工作者题词：“学为人师，行为世范。”这八个大字阴先生可以说是当之无愧的。

在缅怀阴先生的思想业绩和人格精神的时候，我们要发扬光大他全心全意为人民服务的奉献精神，以勤勤恳恳兢兢业业的工作作风，做好力所能及的每一件事情，不慕虚名，不贪荣利，抵制浮躁，抵制腐败，做一个高尚的人，纯粹的人，一个脱离了低级趣味的人，为教育事业和学术文化事业的发展作出我们自己的贡献，只有这样，才能对得起阴先生和各位老师对我们的培养教育之恩。

2003年4月6日

祝贺、感谢与诚挚的期望

——写在《南开史学家论丛》第一辑出版之后

把责任编辑称为书稿的第一读者，这是出版界的一种习惯说法。我现在以第二、第三读者的身份，对《南开史学家论丛》第一辑前八册的顺利出版表示衷心的祝贺。这是南开大学历史系和中华书局编辑部真诚合作的自然结果。南开历史系方面做了大量的工作，搜集、选编、整理等。我们书局的相关同志也全力以赴，随到随看，在体例统一、文字加工、资料核对等方面做了认真的工作，虽然是名副其实的“略尽绵薄”，但也都是严肃认真一丝不苟的，不无小补。八位史学家都是师长辈的著名学者，我们怀着衷心敬佩的心情，一字一句地拜读、学习和领会，同时也在力所能及的地方做一点编辑加工。作者的原创性研究成果与出版社的编辑加工是图书质量的两个基本方面，二者缺一不可。自觉地互相理解，真诚合作，就能实现优势互补，相得益彰。我们的合作是愉快的，真诚的，也是成功的。合作的成果得到了社会的好评，书的内在质量和外观品相基本都是好的。因为时间紧张，我们的编辑工作也还有做得不到位的地方，欢迎作者和读者随时予以批评。4 月 10 日《光明日报》上八位史学专家的评论是实事求是的，对读者很有帮助。在浮躁炒作之风盛行的市场环境下，要听到切中肯綮的学术批评是不容易的。我讨厌虚伪庸俗的捧场，佩服实事求是的真心。懂行的贴心的鞭辟入里的评论，无论对作者对读者，都是一份珍贵的精神食粮。

我还要借此机会真诚感谢南开大学对中华书局的长期的多方面的支持帮助。南开大学是历史悠久的著名高等学府，尤其是在人文社会科学方面，名师辈出，人才荟萃，成果丰硕。在中华书局九十多年的历史上，南开大学历史系、中文系的许多前辈师长和中青年才俊都把他们呕心沥血的精心之作交给中华书局出版，这是我们的光荣和骄傲，也给中华书局增了光、添了彩。我们的友好合作是有历史传统的。拿历史系来说，从郑天挺先生、巩绍英先生，到刘泽华先生、张国刚先生，直到今天的李治安先生等，一脉相传。我一贯认为：作者和读者是出版社的衣食父母，做编辑的要尽心竭力地为他们做好服务工作，千万不能因为手中掌握出版权、编辑加工权而忘乎所以，做出对不起衣食父母的事情来。

前八册只是《南开史学家论丛》的第一辑，是比较重要而精彩的一辑，后面还有续出的部分正在编选整理的过程中。这对薪火相继、传承学术、举拔俊彦、开辟未来是非常必要的。对续出的部分，我提醒两点：一、对入选的人应当有一个标准，应当限于学术造诣深湛、科研成果丰硕而在相关领域相对称得上卓然成家者。就是说，入选的名单要精心选择，适可而止，不要贪多致滥。这里可以提一下著名的水桶原理。水桶储水的多少不取决于最长的一块桶帮，而取决于最短的一块桶帮。千万不要因为照顾一两个关系而降低了整个论丛的学术档次。二、对入选史学家的作品也要去粗取精，有所取舍，突出精品、突出重点。北京老俗话说：“宁吃鲜桃一口，不吃烂桃一筐。”与其求大求厚求全，不如宁缺毋滥。少而精则馀韵无穷，冗而杂则败人胃口。总之，对入选的人和入选的作品都要坚持按既定的学术规范去衡量别择，使续出的部分多一些后来居上的真实创获，少一些人云亦云的花样翻新，以保证《南开史学家论丛》始终是学术精品，是经得起历史检验的具有文化积累价值的出版物。这都是创意之初、合作之初讨论过的事情，我不过重复一下，提醒一下。既定的原则要贯彻始终决不是一件容易的事情，决不像创意之初设想的那样简单。我相信，只要双方都继续共同努力，我们一定能够善始善终地圆满完成《南开史学家论丛》的编辑出版任务，我也愿意为此尽到自己的努力。

2003 年 4 月 12 日

人才是事业之本

——在优秀古籍整理图书颁奖会上的发言

参加今天的优秀古籍整理图书颁奖会感到十分荣幸。新闻出版总署开过多次颁奖会、表彰会，但是，专门为优秀古籍整理图书单独举办颁奖会，今天好像是第一次。这说明了总署领导对加强古籍整理出版工作的高度重视，必将激励大家进一步做好工作的积极性。

我们中华书局今天获得五个奖项。两个一等奖：《全清词·顺康卷》和《李商隐文编年校注》；三个二等奖：《大金吊伐录校补》、《欧阳修全集》、《礼记译解》。这是一次可喜的丰收。我们衷心地感谢新闻出版总署和全国古籍整理出版工作规划领导小组多年以来对中华书局一贯的政策支持和具体指导，衷心感谢评委会各位专家对我们的鼓励和鞭策。

获奖的这些书都可以当之无愧地称为文化精品。《全清词·顺康卷》是已故著名学者程千帆先生领衔主持的集体项目，以其规模宏大、内容丰富和搜集整理之艰苦繁难著称。《李商隐文编年校注》是刘学锴先生等全力以赴对古代著名作家开展全面系统深入研究的心血结晶，与前此出版的《李商隐诗歌集解》、《李商隐研究资料汇编》相配套，是一组完整的集成性的系列研究成果。《大金吊伐录校补》是金少英、李庆善师生两代人焚膏继晷薪火相传的作品，到排校出版之际，第三代学人漆永祥先生除认真校对核阅外，又据学术进展和资料发掘的情况做了必要的补充和说明。《欧阳修全集》凝聚了李逸安先生十多年的辛勤劳动，资料丰富，校勘周密，整理工作达到了新的水平。《礼记译解》是著名礼学专家、中华书局编审王文锦先生为向青少年读者普及经典文化而做的深入浅出通俗易懂的注解和翻译。书稿作者们在古籍整理方面提供的富有原创性和文化积累价值的研究成果是精品图书生产的第一要素，是基础，是根本。不过，精品图书与一般图书还有一个重要而显著的差别，那就是丰足的编辑工作含量和相应的后续工作。再好的稿子也要精心编辑、精心校对、精心设计和精心印制，才能五好合一好，最终诞生出经得起时间考验的文化精品。责任编辑的无私奉献和精心加工是原稿之外最重要的因素。

今天的获奖是昨天的终点，同时又是明天的起点。自1958年起，中华书局就是以文史哲古籍整理图书和相关学术著作出版为主业的专业出版社，就是古籍整理出版工作规划领导小组的办事机构，我们中华书局理应在古籍整理图书出版方面作出更多更好的贡献。我们承担的“十五”国家规划项目和重点古籍整理项目还有相当部分尚未完成，有些中长期规划项目还处在搁浅多年推进无力的状态。即使已经获奖的图书，由于工期有限而学无止境，正式出版前的整理工作，说到底只能是初步的基础的和文献性的，总不可能十分深入和完美。图书在正式出版以后，才能有更多的专家、更广泛的读者参与阅读，参与研究，参与批评，也才有更富裕的时间、更从容不迫的心态，细心地揣摩，反复地推敲。优质图书不可能没有遗憾。对于获奖图书可能存在的缺点错误，我们也诚恳地欢迎读者批评指正。图书的质量只有在广大读者的关心和批评下才能不断提高，逐渐趋于完善。

古籍整理出版工作既取得了显著成绩，又面临严峻形势。在社会主义市场经济体制的社会环境下，承担古籍出版重任的出版社怎样才能健康发展，自我完善，大家都在探索实践中。人才是事业之本。仔细观察一下，我局今年五部获奖图书的责任编辑几乎都是现已退休的老编辑，是六六届以前的毕业生。“人事有代谢，往来成古今。”老编辑作出了贡献，未来的希望寄托在年轻人身上。但是，成熟的骨干编辑的大量流失是中华书局近些年发生的严重困难之一。新编辑的优良思想作风的精心培育和工作流程的规范训练成了当务之急。当前，只有采取强有力的措施，迅速有效地把年轻新编辑组织到一个梯次配备传承有序的人才结构中去，把已经发生若干断裂的传帮带链条用心组接起来，才能实实在在地使古籍整理出版的编辑骨干队伍至少保持一定限度的发展后劲。

古籍整理工作任重而道远。在新闻出版总署和全国古籍整理出版工作规划领导小组的领导下，我们中华书局愿意和兄弟出版社一起团结互助，携手合作，克服眼前困难，努力奋斗，迎接古籍整理出版工作繁荣发展的光辉明天。

2003 年 12 月 5 日

有益的增补，无私的奉献

——《法苑珠林校注》出版感言

《中国佛教典籍选刊》是中华书局独具特色的重要古籍整理规划项目之一。对于佛教基本典籍，它不是简单影印旧本，而是新做校勘、标点、注释等，因反映了目前的研究水平和时代特色，颇受读者欢迎。自1996年杨曾文先生编校的《神会和尚禅话录》出版之后，该规划项目的出版沉寂了七八年之久，终于在2004年初又推出一部令人瞩目的《法苑珠林校注》。《法苑珠林》篇帙浩繁，内容丰富，是诞生于初唐时期的一部影响深远的佛教类书，而整理校注者周叔迦、苏晋仁两位先生则是当代大名鼎鼎的佛学研究专家，其标点注释成果当无愧于盛名。作为《中国佛教典籍选刊》规划的起草人和组织者之一，我亲历了《法苑珠林校注》编辑出版的绝大部分过程。抚今追昔，不胜感慨。现仅就其编辑工作谈两点感想。

一、有些古籍整理书稿确实属于抢救遗产性质，要千方百计地抓紧发掘整理、编辑出版，万万不可迟疑耽搁，延误时机。以《法苑珠林校注》为例，该稿原是周叔迦先生对蒋刻本《法苑珠林》的点读批注，在上个世纪六十年代初即已粗具规模，曾送中华书局审理。先送到中华书局编辑部文学组组长、老出版家徐调孚先生手里，后又由文学组移转至哲学组。书稿档案中至今尚保存有傅彬然先生1963年4月9日的审稿意见，还有当时哲学组组长严健羽以及副总编辑丁树奇等位先生手写的审查处理意见。该稿作为一部未完成稿，还有大量基础工作有待于继续完成，尤其是校勘方面，原来只是参考日本《大正藏》校正了蒋刻本中的避讳字和部分明显错字。如此大部头书(共100卷，约200万字)的版本对校工作和对于类书引文必不可少的他校工作都还没有进行。原准备退给周叔迦先生补充修改，可是相继发生的社会主义教育运动和“文化大革命”使此事突然中断，而周叔迦先生也于1971年去世。历经浩劫，所幸书稿尚存，书局编辑部于1975年年底辗转托人将遗稿转交到周绍良先生手中。八十年代初，中华书局制定了《中国佛教典籍选刊》规划，开列了第一批二十二种书的拟目，《法苑珠林》即列入其中。周绍良先生曾几次请人对《法苑珠林》稿进行补苴整理，均因年事太高而不克完工。1991年苏晋仁先生接手补注工作，着重于尽可能补足全书引文的出处卷数，于外典补者尤多，文字亦有所刊正。经过苏先生的续补，《法苑珠林校注》始于1999年年底发稿。原稿所缺的繁重的校勘工作，原计划在初校样排出后请苏先生从头补做，不料苏晋仁先生也于2002年4月去世。但是，无论如何，篇章文字的准确可靠都是古籍整理工作必不可免的最基础的要求。在两位老先生都已去世的情况下，发稿时的责任编辑毛双民同志毅然承担了全书的版本通校和校勘记改写工作。他以《中华大藏经》(汉文部分)所反映的九种雕版大藏经的文字为依据，穷年累月日复一日逐字逐句地校核勘覆，推敲斟酌，做了大量工作。他在《个中甘苦心自知——〈法苑珠林校注〉编辑琐谈》一稿中列举近百则的例证，对校勘改补的原则、方法、依据等做了详细的示范性说明。这些例证是从他亲手补写的两千多条校勘记中摘要遴选出来的。实际上自2001年7月起，毛双民同志就调到中国社会科学院历史研究所去了。他做的这些后续工作，既远远超出了一般编辑工作的范围，又属于个人出于道义责任对社会、对中华书局、对作者和读者所作的无私奉献，体现了一个有历史使命感的古籍整理工作者的社会良知。古语说：人存事兴，人亡事废。幸亏遇到了苏晋仁先生和毛双民同志。没有苏先生的精心续补和毛双民的无私奉献，《法苑珠林校注》是不可能以灿然一新而相对完整的面貌问世的。前后历经四十多年，此书曲折而坎坷的出版历程，足以说明有些门类的古籍整理专业人才的稀缺短少和若干遗产抢救工程的紧迫性。我们要抓紧要努力呀！

二、富有文化积累价值的优秀的古籍整理图书，往往既是作者呕心沥血原创性整理研究的心血凝聚，又是编辑精雕细刻再加工力求完美的智慧结晶，是薪火相传世代积累的集体创作，是众多参与者辛勤努力优势互补而倾心结出的同心之果。作者决定书稿的主体质量，编辑决定图书的最后定型，二者互为依存，缺一不可。有些底子不错的书稿，之所以不能成为足以传世的精品图书，主要在于责任编辑的浅尝辄止、随波逐流，没有精益求精的不懈追求，没有无私奉献的精神境界，见到名家就腿软，抓到稿子就抢发，匆匆忙忙，浮皮潦草，只有排版和印刷，没有审读和加工。而精品图书无一例外地少不了责任编辑的精心打磨，增光添彩。一丝不苟的严肃态度，千方百计的敬业精神，审读时的求全责备、披沙拣金、权衡掂量，加工时的拾遗补阙、增订润色、刮垢磨光，通过磋商探讨，推敲核定，上述这些周到细密的编辑劳动逐渐熔铸到原稿中，成为图书产品的最后定型剂和萤光剂。可以说，没有足够的编辑工作含量，优质的原稿就可能像石中玉、尘中珠一样被遮掩埋没，图书产品就不可能去粗取精，以其内在的优良品质示人，也难以锦上添花，焕发出超凡脱俗的光彩。从图书出版的生产流程来看，精品与凡品的差别就在于此，训练有素的老编辑与入门未久的新编辑的差别也在于此，名牌老社的优良传统和品牌优势主要也在于此。愿年轻的编辑能够继承和发扬这一优良传统，以达到培育和增强出版社的核心竞争力的目的，为培育民族精神，弘扬传统文化，为社会主义精神文明建设多作贡献。

本文原载《古籍整理出版情况简报》总第395期，2004年第1期

以守俨先生为榜样

时间过得真快，守俨先生离开我们已近十年了。守俨先生最值得纪念的是什么呢？是他在隋唐史研究方面的卓越见识和高深造诣吗？不是。是他从始到终负责组织并实际主持二十四史和《清史稿》的点校整理工作所取得的巨大成就吗？也不是。守俨先生最值得我们学习纪念的是他真诚无私的奉献精神。他热爱本职工作，专注本职工作，心无旁骛，一往直前，数十年如一日，将自己全部的心血和智慧都倾注到他钟情热爱的古籍整理编辑出版工作中去。他勤奋求实，刻苦钻研，说实话，办实事，不图虚名，不谋私利。他心里想的、手头做的都是中华书局的事情，急作者所急，想读者所想，是一个时刻不忘编辑职责的忠心之人。他质朴平易，忠厚善良，无论社会上的专家学者，还是局内的年轻编辑，都愿意同他亲近，也都能从他那里得到指点、帮助或受到教诲、启迪。他用日积月累的工作实践为中华书局争取到了巨大的荣誉，但他自己为人处世却始终保持着低调，无论是极"左"思潮泛滥的浩劫年代还是拨乱反正之后的改革时期，都是这样。即使当选全国人大代表后，也依然虚心待人。《赵守俨文存》的《出版说明》中有这样一段话：

赵守俨同志在工作上一贯勤勤恳恳，兢兢业业，学风谨严细致，一丝不苟。待人接物，诚恳正直，谦和平易，尤其乐于扶助和奖掖青年。无论在老一辈专家学者中间，还是在中青年编辑中间，赵守俨同志都是可亲可敬的。

这段话是我给加进去的。如果只是简述履历和工作业绩，《出版说明》就未免太客观冷峻了，不足以反映守俨先生的精神风貌，也不能给人一个真切的印象。

守俨先生的工作体会和学术成果，凡是已成文的，大多都收集在《文存》中了，不过也有遗漏的，例如商务版的《植物名实图考》的出版说明就是守俨先生的作品。“文革”前，有些前言、出版说明之类的作品，出版时只署编辑部名义或者只用化名，较少署真名，这给后来的收集工作造成了困难。在古籍整理图书的编辑出版过程中，守俨先生曾花费大量精力做规划制定和组织协调工作；在具体书的整理方面也有大量的版本调查和比勘研究工作，整理凡例的研究商讨工作。上述这些，《文存》中顶多只有最后的定稿，而详细的过程，例如其间的艰难曲折、修改变化、意见分歧等，大量地分散录存在书稿档案中。守俨先生是个全心全意的编辑，编辑过程中的相关文字记录能够更生动更丰富地反映他的工作和精神。由于“文革”浩劫，书局经历了下放“五七”干校、与商务印书馆的合并与分离等，局址也先后数度迁移，书稿档案中的相关记载只能有待于今后的发掘整理。

我虽然在书局工作了三十多年，但和守俨先生的密切交往却有限得很。1970 年在咸宁文化部“五七”干校，看到的是他在风雨泥泞中干体力活的艰辛与狼狈。1971 年初，他因点校二十四史而奉调回京，我也于 6 月间回京，但两人分属不同业务部门。1975 年至 1978 年，我们在一个部门了，我当时担任党支部书记、二编室主任，他却莫名其妙地被中华商务临时党委撤掉了组长职务，戴上了一顶“编审”的帽子(这和今天的高级职称不同，在当时意味着是留用察看的“反动”学术权威)，没有审稿权却有审稿义务。在那样困苦和尴尬的情况下，他仍然以工作为重，该发表什么意见就发表什么意见，并不撂耙子罢工，只要有益于古籍整理出版，该做的他就做。参加点校二十四史和《清史稿》的专家学者以及老编辑们，业务上仍然听守俨先生的，我也乐于有所依循，有所学习领会。在“文革”浩劫中，我这个青年共产党员被摆在一个特殊的位置上，因而痛失了许多向老专家、老学者、老编辑学习请教的极好机会，我的几位同班同学却在这时各得名师指点，学有所成，这是令我极为羡慕的事情。在身不由己的情况下，我一面照本宣科，传达贯彻上级指示，一面保持适当距离，为这些我所仰慕的老先生们尽力维持相对宽松自由一点的生活工作环境。环境和职务的拘束掩盖不了我内心的真情。

1978年拨乱反正后，中华书局恢复独立建制，守俨先生重登书局领导岗位，我则到了哲学编辑室，不属他主管，仍然接触不多。后来我在担任《中华大藏经》责任编辑时，曾请守俨先生为《中华大藏经》编辑局的工作人员讲一堂校勘业务课，他很痛快地就答应了。校勘是他的业务所长，有整理二十四史积累的丰富经验。对基本的东西，他讲得要言不烦，简明深入，而对涉及佛教经典的内容却发言十分谨慎，虚怀若谷，不摆一点权威的架子。1986年我再次被选入书局领导班子，鉴于当时编辑业务方面领导力量比较强，而经营管理方面相对薄弱，我自愿选择了经营管理。这件事有点出乎他的意外，他认为我的业务底子比较好，仍应坚守编辑岗位。

我在担任副总经理职务后，被上级单位职能部门定为非专业人员，取消了我参评编辑专业技术职务的资格，使我在副编审的台阶下等待了六七年之久，远远落在了同班同学的后面。实际上，职务变动之后我仍然承担了相当一部分编辑业务，可是这个理由不足以说服上级单位的主管人员，除非我担任某项编辑工作的实职。1992年年中，局领导班子决定让我参加《书品》的工作，担任副主编，协助守俨先生工作。守俨先生知道后，找我恳谈了一次。现将我工作笔记中所记谈话要点照实转抄如下：

1992. 6. 9上午

赵守俨先生来办公室同我谈参加《书品》工作事。赵表示诚恳欢迎。过去的社领导对《书品》不闻不问，任其自生自灭。时间快，五年了。不声不响，办下去总会形成自己的特色的。你来，我非常欢迎，从这里开头，慢慢往编辑业务上多倾斜一些。坚持品评本版书。现在有危机，出书少了，可评的古籍整理稿少了，学术专著也少了。影印书可以做一些介绍，但《书品》总要有对图书的品评。办刊物要让人讲话，评的、被评的都可以讲，但是一比一，不能无休止地争论，刊物小，篇幅有限。除了书评，还有国内古籍藏书情况介绍、海外汉籍收藏情况介绍，以及古籍小常识。最近考虑搞一个“古籍整理答问”，已跟黄永年先生谈过。我身体不好，每周二来一次，你每天都上班，你可以多做一些。哲学，你来；语言，也请你来，说好了。

以上是我当天记下的守俨先生谈话要点。今天重读，仍能深深感受到他的关怀，他的忧虑，他的坦诚。办《书品》，就要促进出版社的建设和发展，就要注重图书质量，推进精品战略，就要通过对图书的评论促进作者队伍的建设和编辑人才的培养。《书品》是守俨先生定名的，这个简明而富有内涵的刊名，有许多可以意会而难以用语言准确表述出来的意味，我非常喜欢。以后我们多次就稿件的刊用或修改交换意见。守俨先生非常重视书评的说理性，注重平等对话。有的批评性书评措词尖刻，火气十足，一派居高临下的架势。看到这样的稿子，守俨先生总是建议要修改得平和一些，去其火气，保留事实和说理部分。人都有可能犯错误。不要一发现别人的错误就自鸣得意，大加挞伐。尤其古籍整理是一件复杂繁难的工作，名家大家也难免有看走眼的时候。要设身处地为作者着想，换了你去做同一件事会怎么样？守俨先生的观点对我很有启发。后来在参加期刊主编培训班时，我沿着这个思路写了一篇《建设性交流是书评类期刊的重要原则》。

1993 年 7 月前后，守俨先生被确诊为肺癌，住院治疗。每次我们前去探望，他都平静地微笑着和我们聊天，从不提及他所受的病痛折磨，言语中时时流露的是对生活的热爱，对同事的思念，对工作的眷恋。1994 年 4 月 13 日，他终于告别了我们。那时我还不会写对联，根本不懂得联律，却忍不住要借挽联的形式表达我对守俨先生的敬仰与怀念之情。虽然是初次试写对联，平仄对仗不太合乎联律，但说的都是真心话。现抄录如下，以资纪念：

手披万卷春秋，古史过细标，谦恭礼贤聚学者；

指点八方班马，新书从容品，淳厚待人育英才。

今天，社会经济情况和出版工作形势和上个世纪九十年代相比，已经有了很大不同，但是守俨先生的工作精神和职业操守仍然是值得我们学习继承的。

我想说：纪念守俨先生，就要以守俨先生为榜样，做一个全心全意为人民服务的好编辑。

本文原载《书品》2004 年第 2 期

《启功丛稿·艺论卷》出版说明稿

启功先生德高望重，多才多艺。现在加在启功先生头上的各种职衔、桂冠很多，一时难以历数，但其实至名归始终从事的职业称谓无疑应是人民教育家、文史专家。自古以来，书画即为文人之馀事。书画艺术成就只是启功先生全面贡献中的一小部分，但却名头很大，影响广泛，家喻户晓，远远超出知识分子范围，有时几乎掩蔽了启功先生的主要方面。启功先生工画，虽不多作，但山水兰竹，清逸绝伦，非比寻常。启功先生工书，笔墨考究，结字精严，功力深厚，富于内涵，或大幅，或小品，无不大方耐看。

本卷所收为启功先生的书论、画论(前三卷已收者，本卷不再重出)。其中考订真伪、辨证作者和时代的鉴定性题跋，多言简意赅，严谨周密，关键处一语破的，确凿不移。大量的讲稿、文章则是为青少年或初学者指示学艺门径的。启功先生早年学画，曾得名师指点。他重视文字的书写，认为这是人际交往的基本工具。他经陈垣老推荐担任教职以后，特别重视书写的工整规范，无论是批改作业还是课堂板书，始终

2000年元月4日在中华书局会议室与启功先生面谈

兢兢业业，一丝不苟。实践出真知。他写得多，画得久，见得广。在长期书画艺术实践和观察比较中，通过苦心钻研，细致揣摩，得到不少体察实情的甘苦之言和总结经验的独得之秘，如刀锋与笔锋的辩证关系、结字上的黄金律等。启功先生常常以亲切务实的“过来人”口吻，循循善诱地引导人进入学习书画艺术的正轨。他随时随地努力破除一些故弄玄虚的门户偏见，一些生搬硬套的教条陋规。他的讲话切近实际，通情达理，能够化繁难玄虚、高深莫测为简易平实、浅近好学，真正做到提要钩玄，深入浅出，不愧为一位深造有得而又善于教书育人的艺术家、教育家。

2001 年 7 月向启功先生赠送贺联：

提要钩玄启悟多多味同尝鼎

鉴真识宝功劳累累仰若观山

本卷的编辑整理工作主要由柴剑虹同志承担。启功先生的艺论作品很多，大篇较容易找到，零篇小札则分散各处。文物出版社苏士澍先生和北京师范大学出版社的侯刚同志都慷慨热情地协助我们四处寻觅搜采，提供了许多珍贵的照片、复印件，丰富了本卷的内容。

启功先生自参加《清史稿》点校工作以后，即和中华书局结成生息相关、心神相通的患难知交。书局有活动或编辑部要书名题签，启功先生是有求必应，一遍两遍三遍地写，写完任编辑选用。书局发展近年遭遇一些困难，启功先生也为之焦灼不安，四处呼吁声援。……启功先生得到全体中华书局人的衷心爱戴和敬仰。我们要尽我所能，出好《启功丛稿》，把启功先生的亲切关怀变成我们改进工作奋发图强的前进动力，切实做好古籍整理图书和学术著作的出版工作。

今年七月二十六日是启功先生九十二周岁华诞。古语云：仁者寿。我们衷心地祝愿启功先生身安笔健，目清神旺，四时吉祥。

2004 年 6 月

一副拙联两封信
——怀念王师母夏蔚霞先生

2000年6月29日，我接到蒋绍愚先生电话，说为庆祝《王力古汉语字典》正式出版，王师母夏蔚霞先生拟于7月6日晚请编写组的各位先生和出版社的有关同志吃饭，向大家表示谢意。中华书局方面请的是责任编辑刘尚慈、编辑室主任陈抗，还有我。接完这个电话，我心里热乎乎的，十分感动。要说感谢，应当是我们中华书局感谢王力先生，感谢王师母夏蔚霞先生，感谢编写组的各位先生。是王力先生主动和书局签约，将这本寄托着他的编纂理想的字典交给中华书局的，而且他战胜衰病的折磨，独力写完了子丑寅卯前四集。王力先生1986年5月3日辞世以后，是夏蔚霞先生毅然肩负了完成王先生遗愿的重任，把承担续写任务的六位先生团结协调到一起。师母的威望、庄严的使命感和她对各位弟子的关切爱护，起到了克服困难、凝聚人心的作用。她慈祥的目光、坦诚的话语、殷殷的期盼，无时无刻不在推动着编写工作的进行。编写组的六位先生多是语言学界声望素著的一流学者，尽管公务繁忙，各自的教学科研任务十分繁重，但他们继承和发扬了中华民族尊师重道的优良传统，挤时间，下功夫，夜以继日，精益求精，圆满完成了字典的编写和审核定稿工作。说心里话，中华书局应当衷心感谢上面各位先生把这样一部学术含量很高、凝聚了师生两代人艰辛劳动的理想的字典交给我们出版。这是多么难得的机遇、多么光荣的使命啊！

可是王师母的盛意是不能拒绝的。最近几年的交往，我们有一个深刻印象，王师母的热情好客是真诚无私发自内心的，她关心后辈，尊重客人。我和陈抗、刘尚慈每一次到她那里去，她都非常高兴，满面笑容地欢迎我们，语声朗朗地嘘寒问暖，有时甚至还拿出她亲手精心酿制的甜品让我们品尝，弄得我们十分过意不去，不知怎样感激才好。她十分注重王先生的学术事业，十分关心图书出版质量，十分关心如何满足读者的需求。有这样一个共同前提，彼此谈起来就十分融洽，有事情也好商量。作为一个注重文化积累的老出版社，我们对图书质量和品牌的关心胜过其他，在日渐市场化的条件下，我们的困难也是显而易见的。王师母不把我们当外人看，而是像对可以信赖的知心朋友一样，把《王力古汉语字典》的出版质量托付给我们。她关心我们的生产经营状况，对我们的忧虑和困难表示体谅和同情，鼓励我们多出好书。德高位尊的王师母如此热情地厚待我们，让我们十分激动，我们唯一可做的事情就是倾尽全力把王先生的书出好，把《王力古汉语字典》出好。在这方面，担任责任编辑的刘尚慈同志作出了突出贡献。

回想《王力古汉语字典》编写、出版的前前后后，十多年的坎坷曲折、风雨晦明是怎样一步一步地艰难度过的，我思绪万千。看到摆在案头的《王力古汉语字典》如此厚重谨严、爽心悦目，我也感到由衷的欣慰。我首先想到应当感谢王力先生，感谢始终推动这项工作的王师母，感谢具体承担艰难繁重的续写和定稿工作的编写组六位先生。经过几天的日夜酝酿，我终于在 7 月 6 日中午赶写出了一副意浅词拙的对联。我的毛笔字很差，可是直到午饭后才撰好词，来不及请人代笔了；本应用红色撒金宣纸的，可是当时家里只有白色生宣，也来不及到专用商店买去了。一切因陋就简，能够表达心意就行，能够赶在晚上赴约之前就行，于是，我硬着头皮，鼓足勇气把它写了出来。大字对联写的是：

字斟句酌，简以驭繁，蔚然成风矣；

典立型成，多而能壹，霞光映日哉。

小字题写的上款是："恭贺《王力古汉语字典》编写出版，王师母雅正"，下款是"中华书局末学弟子熊国祯拜题，庚辰年夏小满前一日"。

对联是送给王师母的，既表达了对王师母的感谢，也表达了对编写组各位先生的感谢，还包含了我对《王力古汉语字典》的一个简单评价。当晚上大家在勺园七号楼二楼餐厅坐定之后，我斗胆向王师母献上了这副简陋的对联。

10 月 14 日，我收到了王师母的一封亲笔信，开头一段就说："谢谢您赐我的大笔一挥的对联，我已裱好，并由北大图书馆借去‘王力纪念会’展出各种图书、资料……一个多月，因此直到昨天才还我，我已挂在客厅代梁启超的对联了。是一个很好的纪念品，再次表示我的谢意。”后面的内容是有关重印王力先生《汉语史稿》的意见，这里从略。王师母的感谢令我惭感莫名。

在8月14日参加了王力先生百年诞辰纪念活动之后，我写了一篇《温馨的回忆，欣慰的纪念——写在〈王力古汉语字典〉出版之际》，刊登在中华书局11月20日出版的第6期《书品》杂志上。我把这期《书品》寄了一本给王师母。在文章中，我回忆了自己聆听到的王力先生的教诲，他给我们讲课的情形，他对中华书局的诸多贡献等。没过多久，我就接到了王师母12月4日的来信。老人的所思所想十分令人感动，现将这封信全文引录如下：

国祯先生：

谢谢你赐赠《书品》并附华函！拜读《温馨的回忆，欣慰的纪念》一文，令我感动并回忆了许多往事，也感慨万分！你的话的确是千真万确的！自1935年我们结婚后，我曾经过王先生讲课的教室，他认真大声讲，实在只有三个学生（董同龢、许世瑛、张清常）！我本来以为他有许多人听，因为他回家后，喉发哑。他讲课准时，没有废话，你的大著中都是事实。大著中提到他引用“君子有三乐”……我更能体会他每次写完一本书稿时的一种高兴的形象，他在遗言里也略说到生活不是为了穿衣吃饭……（大约你也见过）因此，我很感谢你对王先生的为人及工作有较深的理解。

我自今年2月手术后，健康直线向下，勉强度过8月，之后由于太累并且手术后，各种病相继上身，所以在中秋前又一次病倒，10月底又病，11月又住北医三院，中旬我要求出院，但至今仍低烧。年老多病是不能免的，但苦了儿女们，他们忙，我也苦，奈何？

所赐对联，已裱好后，北大图书馆借去挂在王力展览会上，今已还我，我挂在客厅以代梁启超的对联，可能陈抗先生见到了。

我不明白《书品》为何都用繁体字？我最近因健康欠佳，看书报也少了，但我似乎感到繁简并用的很多，不知何故？对中小学生似乎不利。方言字在报上也逐渐多起来了（报上更多）！

《王力古汉语字典》销路如何？我没见过广告。匆匆此复，敬请

编安

夏蔚霞

2000 年 12 月 4 日

读了这封信，可以看到老人宽广的胸襟，可以知道她的关切、她的系念，她对儿女的体谅，她对中小学生的爱护，她对出版社的关心。去年王师母去世，我出差在外，没能为她送行，心里非常遗憾。她的音容笑貌、美德懿范至今活在我的心中，是鼓励我努力做好编辑出版工作的动力之一。

2004 年 9 月

浅谈畅销书的价值和开发要点

中华书局是以弘扬传统服务学术为宗旨的专业古籍出版社，肩负着历史文化建设的崇高使命。努力出版文史哲古籍整理图书及相关学术著作，历来是我们的主业。在社会经济体制改革的大环境下，我们既要坚持专业出版方向，为文化积累事业作出自己的贡献，又要积极改善生产经营，寻找出一条自负盈亏、自我完善、使经济进入良性循环的发展道路。为此，我们要从思想认识上和工作安排上都高度重视畅销书，热情研究畅销书，积极开发畅销书。

畅销书是牵引出版企业经济发展的火车头，是经济效益的源泉，是社会效益的标志，是实现出版企业利润最大化的主要工具。在提高出版社的知名度、拉动常销书销售方面，畅销书的作用十分巨大。

创造优秀畅销书是为满足最广泛民众的精神文化需求所做的正确选择，是精神生产和消费需求高度吻合和谐一致的结果。优秀的成功的畅销书是有的放矢对口生产的产物，是充分关注读者需求的结果。不是主观的良好愿望，不是一厢情愿的设计，不是以我为主的强制灌输，而是以读者为核心、以需求为转移的周到服务。

我认为，有无优秀畅销书应作为考核出版社双效益(社会效益和经济效益)的第一指标。

经济体制、政治体制变革对人们的精神文化需求的变化有决定性的深刻影响。研究畅销书必须有宏大的战略眼光，注意重大的社会变革。目前我国社会正处在一个由计划经济体制向社会主义市场经济体制转型的巨大变革中，处在一个经济繁荣、生产发展、社会进步，由温饱迈向小康的宏伟的进程中，有许多社会现象、新鲜事物值得关注，例如工业化城镇化进程，农村劳动力的大量转移，城市里庞大的打工者队伍，中产阶级及民营企业家的迅速成长等，我们应当关注这些变化引发的精神文化需求。中国正在迅速步入老龄社会，老龄读者的银发读物应有较大的市场，可惜现在只局限在医疗保健图书的狭小范围里，讲文化的品种很少。

在思想文化内容方面，畅销书往往勇于突破禁区，转变观念，得风气之先。俗话说“物极必反”，这是个规律。社会文化生活中往往存在一种倾向掩盖另一种倾向的现象。谁掌握了宏观发展的大趋势，有所预见，有所准备，谁就能抢得图书市场之先机。优秀的畅销书以其科学健康的思想内容引导读者，有拨乱反正、传道解惑的作用。当美化帝王将相的宫廷戏在电视荧屏上泛滥成灾之时，《正说清朝十二帝》等书的出版犹如一股清风，吹散雾霾，澄清视野，消除了许多人心中的困惑。

畅销书的生产与大众传媒、电视文化有密切关系。电视文化以其无时不在、无处不在的铺天盖地的发展势头强烈影响着人们的文化生活。畅销书和电视节目之间的关系，有顺有逆，互动共济。出版者既要善于借势，乘风破浪，也要坚持操守，有所辨别，不能一味地顺风行船，随波逐流。你播什么，我出什么，这是顺；你热衷“戏说”，我倡导“正说”，这是逆。无论顺逆，都要有利于发展社会主义先进文化，实现多元文化互济互生，共臻繁荣。

畅销书往往是文化读物，它抓住了社会大众的精神文化需求，而不是政论作品，不是简单地直接议论社会热点、公众话题。如果非要直接议论不可，则应注意胸怀全局，统筹兼顾，坚持正确的舆论导向。

畅销书一般都浅近易读，受众面宽，简明扼要，不过于专深繁难，内容多精华选萃，典型明晰，篇幅适中，以短小精悍者居多，一册在手，便于普及。畅销书的定价多在十几二十元之间。多数是单本书或小配套，不是大套丛书。

畅销书作家不一定是一流学者，也未必都具有高学历、高学位，但作为文化使者，他们都善于采用人民群众喜闻乐见的表现形式，用时尚流行通俗浅近的语言讲话，把严谨科学的研究成果转化为生动易懂的大众话题。他们的综合吸收能力和表达能力、沟通能力是比较优秀的。既要开发畅销书，就要充分尊重畅销书作家，把他们团结和组织到出版事业中。他们在文化传播方面所做的艰苦努力，同样是不可或缺的重要贡献。得其人才能有其书。

本文为 2005 年 12 月 10 日在中华书局年度选题论证会上的发言要点

要重视百科全书的品牌维护与版本升级

百科全书是个知识含量很高因而很崇高很严肃很郑重的名词概念。现在把它用得太泛太滥了，遍地都是“百科全书”，就没有真正名副其实的百科全书了。假的把真的掩盖了，淹没了，吞噬了。这是个悲剧。

名副其实的合格的科学严谨的知识含量丰富充实的百科全书，只能是集中大批全国一流专家学者，经过多年艰苦努力撰写修改提炼打磨的集体智慧的结晶，是最准确最规范的知识性词条的总汇，是包罗万有的百科，而不是单打一的专科，是涵容世界各国科研成果的综合性的国际水平的知识工具书，而不是地方性的或某一时段的工具书。百科全书是知识性词典的最高典范、最高规格。不“百”不“全”，就没有资格称“百科全书”。是金饭碗，就不要把它和瓷盆瓦罐混为一谈。要有强烈的品牌意识，时时维护真正科学意义上的百科全书的金饭碗地位，要让人对它有崇敬之心、珍爱之心，赞颂它、仰望它，学习它。千万不要以假乱真，丧失自我。不要把它和什么乱七八糟的臭鱼烂虾放在一起，自贬身价，自我放逐。

引申借用、灵活泛指之法只可偶一为之，决不可泛滥无边。现在是溃堤之水，一发而不可收，别人滥用，自己也以歪就斜地滥用，这就很可悲了。古语说：“天作孽，犹可活；自作孽，不可活。”我们要站在制高点上，高瞻远瞩，自律自重，以精品战略反击假冒伪劣之风。

循名责实，我们应该抓住真正科学意义上的百科全书作为支柱产品，围绕它们开展工作。百科全书出版以后，要继续抓住不放，开展跟踪调查，跟踪研究，不断地搜集反映国内外最新科研成果，积累相关信息数据，及时地修订再版，升级换代，出新版，出修订版。还可以区分不同的读者对象，出专业版、大众版、少儿版。既可以出大规模的多卷本的普通字号的百科全书，供专业人员参考，也可以出经过压缩提炼小字密排的缩印本、抽印本，以方便普通读者检索查阅。我们要把品牌维护和版本升级的工作做得轰轰烈烈，有声有色。百科全书一出版，作者队伍就解散，编辑部门就改变选题，转移阵地，这是目光短浅、胸无大志、骄傲自满的表现。百科全书是终生的事业，是世世代代薪火相传永无止境的事业，永远不能停顿和中断。如果停顿和中断，就会落后，就会丧失优势，丧失时机，就会得不偿失。我们要从科教兴国的战略高度，把百科全书的编撰出版工作当作大事，坚持不懈地抓紧抓好。作为专业出版的最高机构，抓好主业，我们责无旁贷。

放下支柱产品不管，不断开辟新战场，抓新选题，从一定意义上说，就是放弃优势，舍长用短，是高成本低收入的做法，很不明智，也很不经济。我们不能“捧着金饭碗讨饭吃”。

现代社会，科技进步是很快的。百科全书中的相关知识要不断地及时更新。版别之间要有重大区别、实质区别，整体质量要有显著提高。如果只做少量的局部的无关大局的文字性修改润色，那就不能标榜“修订版”或“新版”。

用 70％～80％的力量抓高端产品，做品牌维护，并不妨碍或排斥我们用 20％～30％的力量去抓低端产品，搞知识普及。两者是互补的。不过运作中要分清主次，明确战略目标。

知识读物要导向正确，情趣健康。要引导读者，善待读者。个别倾向不好的选题要态度坚决地拿下来。大众文化，不要走低级趣味趋时媚俗的路，不要把人引到阴沟里去，不要迎合腐朽肉麻的享乐主义倾向。

本文为 2005 年 12 月 28 日在一次选题研讨会上的发言要点

培元固本传承民族文化的重大建设项目

——关于二十四史和《清史稿》的修订出版

我们处在一个改革开放的时代，一个经济繁荣文化发展的时代。在多元化的文化环境中，只有根深才能叶茂。一棵大树，只有根系发达，才能充分吸收各种养分来壮大自己，也才能经得起外来风雨的侵袭。如果根系萎弱，吸收能力就差，一遇风雨就东摇西晃，随时都有倾伏的危险。传统文化是民族文化的根基。我们要想繁荣社会主义的先进文化，就要充分做好培元固本的工作。整理出版经典古籍，弘扬传统文化，就是培元固本工作的一个重要组成部分。

在传统的经史子集四部中，相比较而言，史部的经典，尤其是号称“正史”的二十四史和《清史稿》，其生动性、丰富性、系统性和可读性是其他几类古籍难以比拟的。经部和子部的书深刻隽永，偏重于理论思维，但其抽象性、哲理性容易使人望而生畏。集部的书富于艺术感染力，生动易读，但就具体作品所传承的文化而言，容量偏小，偏于个人感受，显得零散而缺乏系统。二十四史和《清史稿》则是叙事的，有人物、有情节，有典型画面，有综合信息，有发展脉络，有兴衰起伏，既有宏阔远大的历史视野，又有具体而微的细节表现，而且涵盖了政治、军事、经济、社会、文化等各个方面，是贯穿历史全过程的有血有肉绘声绘影的民族精神的凝固形式。与经书、诸子、文集比较起来，历史古籍更通俗平易，更生动活泼，更亲切好读，承载的内容也更丰富系统。事实证明，多数成年人，无论士农工商，无论学文还是学理、学工，有条件的都愿意读一点《史记》之类的历史古籍。历史教育是国民教育最重要最基本的组成部分之一，是弘扬民族精神、培育爱国情操的必修课。

与点校《清史稿》的老专家中央民族大学教授王钟翰先生合影

（左起：熊国祯、柴剑虹、王钟翰、李岩、崔文印）

点校本二十四史和《清史稿》的出版，是上个世纪六十年代到八十年代的一个里程碑式的文化建设项目，它所取得的成就和发生的影响举世瞩目。经过近三十年的使用和检验，在学术繁荣进步的今天，组织对它的全面修订，吸纳新的研究成果，克服当初限于时代和环境条件所造成的种种疏误缺陷，来一个全面的品质更新、升级换代，实在是非常及时，非常必要。此事由专精古籍整理业务的中华书局承担，当能不负众望。与某些出于长官意志而劳民伤财的政绩工程相比，这是一项既艰难又重要的货真价实的基本的文化建设项目。我衷心希望它能得到新闻出版总署、财政部、教育部、中国社会科学院等有关领导机关和学术部门的足够重视与鼎力支持。如果没有足够的财政支持，这件好事却是做不成的。

我渴望有机会参与这一重大文化建设项目，略尽自己的绵薄之力。

2006 年 4 月 5 日

幼学成诵，终生受用

——从《闲谈写对联》说起

中华书局新近出版的白化文著《闲谈写对联》是一部好书，它用不到十六万字的短小篇幅，全面系统简明扼要地阐释了有关写对联的各种实用知识和创作要领。它开宗明义，直奔主题，纲举目张，要言不烦。它不摆架子，不玩花活，不兜圈子，拿出来的全是干货，凝聚了作者多年积累的研究心得与实践经验。它的叙述语言通俗明白，口语化程度较高，是典型的京腔京韵，读起来亲切自然，平易近人，时不时插上几句诙谐幽默的调侃、感叹，使人有声口毕肖如见其人的深刻印象。

对联是传统的人际交流友朋应酬的实用工具，用途广泛，材质各异，而且门类众多，各有宜忌。我过去阅读过关于对联的多种大著、小书，往往连篇累牍，只谈联语写作，只作理论分析，很少涉及其实际用途、适应环境、载体材质、装裱艺术、时宜避忌等各种虽然琐细却属必备的实用知识，令初学者有疑待决却问津无从。白著在这方面有比较具体周详的解说，令刚刚涉足对联写作而遭遇困惑者有迷途知津久旱逢雨的欣喜感觉。

新版《闲谈写对联》的前身是上海辞书出版社 1998 年 12 月版《学习写对联》，作者夫妇曾于 1999 年 6 月惠赠我一册，我一经拜读，就爱不释手，接连数月，逐字逐句地连续精读了两三遍，反复揣摩，感到大有收益。这次看到吴小如先生的“旧评代序”《功夫在“联”外》，其中说到，本来只是随意翻阅，“不想一开了头，竟欲罢不能，从头到尾细读了一遍。意犹未尽，又把个别章节反复温习。读后甚有所感，大有不吐不快之势”。著作等身年高德劭的老前辈、老教授，读了此书旧版尚有如此深刻感受，何况我辈后学呢！程毅中先生在新版《弁言》中讲到，白化文先生“他是一个有心人，不断在总结写对联和评对联的心得体会。”这既包括了白先生自读高中起至今数十年的个人写作实践，也包括了二十世纪八十年代以来他在北京所参加的若干征联评联活动的集体经验总结。正因为如此，经过认真补充修订的《闲谈写对联》具有非同寻常的实践指导意义。可以说，本书是高瞻远瞩切合实际有的放矢的学习指导用书，所讲内容都有一定的针对性，是有目的、有对象的，言不虚发。

本书既具体讲解了合格的对联作品的底线在哪里，需要做到哪几条，又精心遴选了一些理想样本、一些思想艺术俱佳的范例进行评析解说，还介绍了多种多样的学习练习方法，又现身说法地把自己的习作交给读者指点评判。对精彩之笔，作者有情不自禁的赞叹；对名作的失误，作者有体贴入微的褒贬。评议之间，时时渗透着对初学者的关切与提醒。作者提示的征联、评联、出题、评审(包括初评、复评)各个环节的操作要点，投稿者应注意的关键，关于改进组织工作的建议等，都是长期实践中积累形成的真知灼见，具有很强的可操作性。其设身处地倾囊相授的诚挚之情溢于言表。从对联写作角度讲，它确实称得上是实用便捷的入门钥匙，是登堂入室的治学阶梯。

在 1999 年 8 月 25 日我把《学习写对联》读完第二遍时，曾用一副短联记下读后感：“幼学功夫老来补，小型智巧大可观。”这是我的肺腑之言。我于 1949 年前后入学读书，是在新式学校教育培养下长大成人的，虽然是北京大学中文系古典文献专业“文革”前的毕业生，受过古代汉语和古文献整理方面的系统教育，毕业后又一直在中华书局从事古籍整理图书的编辑出版工作，可是，直到五六十岁年纪，对我来说，写对联、写旧体诗始终是一件十分困难的事情。出现这种情况，原因不全在于个人。无论在校学习，还是在书局工作，我都是十分努力的。我阅读能力还可以，写作实践跟不上去，原因在于幼年时期的语言技能训练太少、太薄弱。学校教育重视知识灌输，忽视技能训练，单纯强调理解，轻视、弱化背诵，使我没能及早掌握那些童年打底终身受益的语言技能。平仄对仗，诗词格律的知识，我们在大学学习古代汉语课程时才有所了解，而且是“雨过地皮湿，天开了无痕”，学完以后缺少实践练习，缺少巩固强化，对有关知识仅仅是了解而已。

对联是通体讲究平仄对仗的作品，是最能体现汉语方块字特色的写作形式。汉字是单音节的，它和其他语言不同，一个字的音、义、词性不是僵死的，一成不变的，而是在不同的上下文语言环境里才能具体确定的，它是富于弹性和变化的语言。调平仄，讲对仗，这是汉语语言文字的核心技能，是基础训练。旧式的传统语文教育非常重视“对课”，从小就学起，天天练习，从一字对、两字对，逐步升级到多字对，而且童蒙教育的课本，如《三字经》、《百家姓》、《千字文》、《千家诗》以及《声律启蒙》、《笠翁对韵》、《龙文鞭影》、《幼学琼林》等，都采用了调平仄讲对仗的表现形式，声韵铿锵，琅琅上口，易读易记。强化训练加上潜移默化的熏陶，使孩子们在头脑空白而记忆力最强时就基本掌握了调平仄讲对仗的基本技能，为其今后的学习打下稳固的基础。这是一项终身受益的幼学功夫。许多老一辈的知识分子，从事的是自然科学研究和理工农医等专业工作，却具有深厚的古典文学修养，能写出精彩动人的对联和诗词作品，如数学家华罗庚、水利专家黄万里等，其根基就在于这种幼学功夫。而许多经过学校教育培养出来的古籍整理工作者、古典文学专家却无缘此道，落了个眼高手低、多话低能的毛病。我直到五十六七岁时，读了白先生的《学习写对联》后才恍然有所觉悟，尽力抓紧补课，可惜逝去的时光追不回来了，已经造成的损失实难弥补。

事实上，作为语言文字基本技能，调平仄讲对仗的语言现象可以说是无处不在，无时不在，不仅在诗词曲赋和骈文中应用广泛，而且在散文作品中也常常频繁地局部化用以加强表达效果，所以我认为：平仄对仗的运用是汉语语言文字的核心技能，是写作难点所在。难点一旦攻破，其他方面的问题都可以迎刃而解。抓住核心技能，刻苦钻研，反复运用，不断练习，做到学以致用，用而能熟，熟能生巧，就会左右逢源，境界大开。这对于全面深刻地理解传统文化的思想精髓，会心入化地领略古典文学遗产的艺术旨趣，乃至有意识地自觉锻炼“凡物必有对”的辩证思维习惯，都有莫大好处。从这样一种基本认识和个人的切身体会出发，我郑重其事地向广大读者推荐《闲谈写对联》一书，这是一本用处很大写得很好的小书，值得认真读，照着练。学习文化，研究古典，就要善于抓住这种一本万利以简驭繁的关键，不要轻轻放过了。我衷心希望：随着教育模式的改进、改革，传统文化的推广普及，诗词、对联等独具中国特色的文艺表现形式将被日渐增多的年轻作者所熟练运用，而不要仅仅是少数老学究摩挲把玩的破旧古董。

2006年10月16日

此文原以“精粹之作，倾囊相授——郑重推荐《闲谈写对联》”为题载于《书品》2008年第1期

“鸟语”和“唐诗”

成语“鸟语花香”描绘了欣欣向荣富于生态美的自然景色，充满了繁荣的气息和诗意的联想。如果拆散了成语，脱离了固定格式，单抽出“鸟语”一词，词义就发生了变化，它有时指鸟的鸣声，有时指难懂的语言，具有某种不确定性。一个词到底指什么不是一成不变的，往往要靠具体的语言环境来确定。《后汉书・南蛮西南夷列传》，其传末“论曰”中有“兽居鸟语”的说法，说的就是蒙昧民族未开化的生活状态，“鸟语”在此代表的是一种难懂的语言，是对当时少数民族语言的歧视性说法。

读者看到某出版社的《鸟语唐诗 300 首》，首先会有一个疑问：“鸟语”是什么意思？是指难懂的语言吗？不大可能，谁编书会说自己的书难懂呢！是指鸟鸣吗？也未必。唐诗虽有数万首之众，可是专写鸟鸣的优秀诗篇能有这么多吗？其实，这书选注的是以禽鸟为题材的唐诗作品。不管鸣叫不鸣叫，只要涉及禽鸟就可以，并未以“鸟语”作为选录标准。

再说《唐诗三百首》，它本是清代乾隆年间“蘅塘退士”孙洙编的一个唐诗选本，所选都是脍炙人口之作，其中，五言古诗、七言古诗、五言律诗、七言律诗、五言绝句、七言绝句以及乐府诗等，各体皆备。它所以长期风行海内外，主要在于选目精要，具有相当的代表性、广泛性。从《本书导读》中说明的情况看，《鸟语唐诗 300 首》只是选编者利用短暂几天国庆休假，从《万首唐人绝句》中“攒出”的 300 首。唐人绝句当然是唐诗的一部分，可是部分怎么能够取代丰富多样各体皆备的全体呢？偷换概念以取巧省力，学者不为。阅读如此片面，又怎么能不遗漏许多脍炙人口的佳作呢？唐人崔珏、郑谷，人称“崔鸳鸯”、“郑鹧鸪”，其得名之作(《和友人鸳鸯之什》、《鹧鸪》)因为都是七律，故而未在选注者视野之内。而钱起的《春怨》是绝句，因起首二字是“金鸭”就草草入选，其实，此处的“金鸭”只是焚香用的鸭形器皿，与实际咏鸭没多大关涉。

选题策划者本想选一些描写禽鸟的优秀唐诗，借题发挥，普及相关的现代生物学、生态学知识，并利用《唐诗三百首》的名牌效应做延伸产品，这是很有创意的，当然会得到专家的赞赏。该书封底所印的三位专家的推荐语就是证明。但是，好的创意只是起了一个头，还要精心物色胜任的作者，还要有周密细致的编撰方案。后续的编辑工作也很艰巨复杂：怎样取精用宏，不滥不漏，怎样弥合托物抒情的艺术描写与科学求实的介绍说明之间的距离？许多难题都要有调查研究，有解决的方案和手段，这才符合编辑工作的规范。缺少缜密的编辑审读加工，灵光一闪就率尔出手，尽管用纸讲究，彩印精美，图文并茂，结果却留下诸多遗憾。别扭的书名正是浮躁急切的出版心理的直接反映。(郝新)

本文原载《中国编辑》2007 年第 2 期

短文深意馀味长

——推荐《文字的味道》

郝铭鉴先生送我一本《文字的味道》，我当即想到这是他多年咬文嚼字的所得。打开目录一看，果然，所收一百篇文章都是他为《咬文嚼字》精心撰写的得意之作。《咬文嚼字》是当今名牌期刊，在语言文字规范化工作中影响巨大，声誉日隆。作为主编，郝先生为之倾注了大量的心血，不仅用心组织编辑专家学者的文章，而且几乎每期都有他自己的文章，有时一期之中不止一篇，多数都是体现刊物主旨的力作，而非填补空白的闲笔。张斌老先生序中的热情肯定引起了我的阅读兴趣。我从头开始读，越读兴致越高，接连三四天，放下手头一切可以暂停的事情，一气读完了第一遍，馀兴未尽，又翻回头去品咂一些精彩篇章的味道。我没有想到郝铭鉴先生能够把语言文字规范问题讲得如此津津有味，妙趣横生，这是多年不曾有过的阅读体验。理想和兴趣是学习的动力。理论的力量在于说服人，艺术的力量在于感染人。我觉得，《文字的味道》二者兼而有之，这是很不容易的。

一百篇文章，篇幅都在千把两千字左右，短小精悍，简洁明快，三五分钟即可读完一篇。每篇都从人们热心关注的事情谈起，就日常习见的语言应用问题进行评析解说，虽然时有褒贬评断，但不居高临下，不盛气凌人，字里行间透着亲切的关怀和善意的指点，条分缕析，循循善诱，读者如同面对一个平易近人求实讲理的对话者，一个知识丰富与人为善的贴心人。每十篇编为一个单元，每个单元根据内容特点拟一个生动有趣的标题。《闲话讲在前头》是十篇趣味性较强的语文小品，讲到同实异名的地域性语言差异的内涵所在，讲到词序的奥秘，造字的趣闻以及对联、灯谜、测字等与语文知识密切相关的游艺故事，生动传神，引人入胜。《现在言归正传》辨析评说了一些误用字、词、典故的现象，从人文关怀的角度，强调了语言的亲和度，提出了净化荧屏和学会写“编辑体”的要求。《到名人家串门》以精彩的特写镜头，介绍了巴金、吕叔湘、王选等著名人物研究语言锤炼文字的思想风采。《醉里挑灯辨字》、《梦中徘徊词林》、《且来街头论语》三个单元，分别讨论了一批容易混淆或错用的字、词、短语，辨析其异同、正误和高下，提供了一些提纲挈领以简驭繁的学习诀窍。对市场环境下一些恶俗的病态的语文现象，作者做了冷静的分析，开出了医治的药方。《广告犹如“蟹脚”》专门评析了广告语言中的真假巧拙问题，批评了虚假、暧昧、拙劣的欺骗性文字，赞美了含蓄隽永精练传神的宣传艺术。《小心词语陷阱》着力澄清了一些以讹传讹的对字、词、语的误解误用。《规范仍须努力》正面宣讲解说了字形、读音、标点符号用法、数字用法等方面的规范，作者还特别注意到了在现代电脑技术条件下随意造字而形成的错误问题。作为最后一个单元，《且听下回分解》又是一组很有趣味的文化知识问答。把严肃郑重的语言文字规范教育融会在趣味性知识性的阅读体验过程中，这是作者的匠心所在，也是《咬文嚼字》优胜于其他语文报刊的地方。

言为心声。语言文字是思想感情的表达符号，是社会生活的直接反映。时代的风貌、社会的转型对语言文字的发展变异有着深刻的影响。作者以开放的郑重的分析的态度面对当前社会语文应用中的各种现象和问题，他的研究和分析均以语言文字的规范为出发点，既有与时俱进的发展眼光，又有体察入微的理性思辨，同时也无不反映了他对语言文字所折射出来的社会道德习尚变化的评论与看法。深切的人文关怀和健康的道德情操是贯彻全书的，这是本书同其他语文读物相比，内容更为丰厚亲切的地方。

我郑重推荐《文字的味道》，这是一位有心人的积累之作。无论是什么人，读了必有所获。当编辑的，或者多少做一点文字工作的，案头不妨常备一册。

本文原载 2007 年 6 月 15 日《文汇读书周报》第 7 版

语文修养是编辑的入门功夫

语言文字是人际交流的基本工具。无论是口头语言还是书面文字，都是普通人日常生活中须臾不离的交际工具。越是随时随地使用的普通的熟悉的东西，人们有时越容易忽略它，不注意学习相关的知识，不重视掌握其中的规律。这在普通人，或许情有可原。在竞争日益激烈的现代社会中，人们需要学习的赖以求生的东西太多了，难免有利害得失和轻重缓急的掂量与考较。但是作为编辑，语文修养如何是能否入门的关键之一。因为从根本上说，编辑工作是文化传播、文化积累性质的工作，没有对语言文字规范(包括标点符号)的职业敏感，没有深厚的语文修养和良好的表达能力，是不可能做好这一工作的。传播的前提就是有约定俗成的共同的语言文字规范。没有对语文规范的透彻了解和熟练运用，怎么可能做好文化传播的普及工作呢！

和普通人一样，编辑可以具备一定的专业知识基础，而不可能无所不知，无所不能，但是优秀的编辑往往是学科建设的规划者、推动者，他具有很强的吸纳消化新知识的能力，无论多高深的著作，多尖端的新发明、新理论，优秀的编辑都能“慧眼识英”，读得懂，看得清。这是编辑从事文化积累工作的重要资本，是编辑的“绝活”。这种常人难有的职业素养是怎样培养出来的呢？除了丰厚的知识积累、熟练的专业技巧和较高的理论思维水平之外，一个很重要的基本要素是他的语文修养好，平常日积月累的审读加工实践使他养成了对书稿语言文字的敏锐感觉。言为心声。语言文字是思想感情的物质外壳。优秀的编辑能由此及彼，由表及里，深入探究到作者的内心世界，把别人不能发现的宝贝挖掘出来，公之于众。优秀的编辑之所以能赢得作者的共鸣，并能补其不足，帮助作者修改完善作品，其深厚的语文修养是极为明显的关键因素之一。

从文化的角度而言，文字规范、标点符号规范、语法规范、逻辑规范，这四样基本规范是文化产品的最低“卫生”标准，是出版物质量检查标准的下限。这四个方面不合格，作者和读者之间的交流就会出现障碍，出版物的文化功能就不能顺利实现，读者就会被“感染生病”，祖国语言文字的纯洁性就不能得到有效的维护。编辑要想对祖国的文化建设、科技进步有所贡献，就必须努力提高自己的语文修养。从事编辑业务的同志，不论原来是学什么专业出身的，只要开始从事编辑工作，就应当自觉地补课，学习现代汉语，掌握文字规范、标点符号规范和实用的语法常识。现代汉语是我们的日常用语。我们不能满足于口耳相传，浅尝辄止，而要具有理性的自觉，深入堂奥，掌握精髓。学和不学是大不一样的。感觉到了的东西不一定能够理解它，只有理解了的东西才能更深刻地感觉它。当掌握了基本的规范、规则，懂得了其中的道理时，我们才能自觉地熟练地运用它，才能发现问题和解决问题。一般地懂了会了还不行，还要反复训练，反复应用，做到懂得深刻，练得纯熟，出手就对。这里有快慢之分，精粗之分，高低之分，文野之分。水平的高低、效率的高低往往产生在这里。

传统的职业养成教育是值得借鉴的。老出版人带徒弟，从新编辑审读第一部书稿实习起：每一个章节标题，每一句话，每一个标点符号，是否规范，有无差错，有无语病，有无逻辑问题，都要仔细推敲；每一个疑难问题，如何查阅字典、词典、工具书，如何思考、探究、辨别，都要反复斟酌，手把手地教给你方法，引导你深入，鼓励你耐心，一遍，两遍，三遍，反复商讨切磋，直到达到发稿水平。从第一部书稿开始就严格要求，决不姑息迁就，决不轻易放行。通过这种耐心细致不厌其烦的反复训练，培养青年编辑的职业道德和工作习惯，久而久之，就能做到眼睛“毒”，动作快，遇事形成条件反射式的本能反应，发现问题就要说，见了差错就能改，不改就放不下，吃不香，睡不着。只有起步就迈入正途，前途才无可限量。

目前广泛存在的出版物编校质量问题，除了社会语文环境的多元化、复杂化以及出版产业市场化导致的浮躁而外，仅就出版社而言，编辑人员的语文修养不足和书稿内在的编辑工作含量不足是基本原因。出版物质量管理要重在治本，要把提高编辑的语文修养当作大事来抓。编辑则要加强自身的文化使命感，严格自律，努力学习，发奋工作，多花些功夫在书稿上，以不辜负作者和读者的信赖。

本文原载《科技与出版》2007 年第 6 期

编辑规范工作三题

一、规范与创新

编辑工作，从根本上讲，是一项文化传播、文化积累性质的工作，编辑每日每时都在规范与创新的辩证运动中进行文化建设，一面把人类的文化创造和科学研究的成果用规范的语言、规范的形式积累下来，传播开去，一面以此为基础，引导人们继续追求新的突破、新的超越。规范工作是对既有的创造和发明的肯定和推广，是把个别的局部的个性化的科学文化成果转化为社会的共同的精神文化财富。这是一个不可或缺的工作程序。可以说：规范工作是文化交流的前提。没有规范工作，就没有积累；没有规范工作，就没有传播和交流；没有规范工作，也就谈不上文化建设和科技进步。一切创新都是以规范工作为基础进行的，而一切规范工作也都是为创新服务的，二者相为表里，互动互生，共同发展。对于编辑来讲，规范工作是个无时不在无处不在的经常性工作，表现为日常的平凡的有时甚至是比较琐细的审读、修改、整理加工。规范的本质不是守旧，不是墨守成规，而是对创新的肯定和继续追求。规范既是对既往的归纳与总结，也是面向未来的新的起步。它是一个开放的动态的建设体系。各种规范本身也在持久创新的过程中日益丰富和发展着。

在学术文化活动中，没有对规范的执著追求和透彻了解，是很难找到创新的方向和着力点的。在书刊出版方面，许多成功的选题策划方案和优质的精品图书，往往出自比较熟练的老编辑之手，道理就在这里。

成语里讲的“灵机一动”、“心血来潮”，实际是日常规范操作积累到一定程度时的能量激发。正是日常认真的审读加工、学习积累，才有可能孕育出真正的创新和超越。没有平时的日积月累，没有大量的审读加工实践，没有对作者的深入了解，没有对学术文化的真知灼见，就不会有成功的富有新意的选题策划。

我不赞成人为地机械地将策划编辑与案头编辑分离割裂开来，将其固定化。选题策划与审读加工是编辑流程中两个特别重要的环节，它们经常是互相转化互相促进的，在选题策划中酝酿了审读加工的初步设想，在审读加工过程中又可能酝酿出新的策划创意，要对原来的设想做修正、补充和完善，于是审读加工又有了新的要求。这种随时发生的自然而然的工作转化是编辑创造性劳动的一个重要特点。人为地将选题策划与审读加工分离割裂开，既中断了精神文化生产的连续性，也不利于编辑人才的全面健康成长。加强选题策划工作的关键不在于选题策划与审读加工的分离，而在于编辑对社会现实情况和文化发展趋势的深入了解，在于对读者对象内在精神文化需求的准确把握，在于对市场文化消费动态的观察与研究。只有把对这些要素的研究了解与本单位的资源优势结合到一起，才有可能赢得选题策划的成功，争取到工作上的主动，打开编辑出版的新局面。

二、多元文化的复杂形势

由于时代变化，社会进步，当前我国文化消费的社会物质条件已经有了根本性的改善和发展。国家投资搞“村村通”工程，广播、电视和电信得到空前规模的普及。与二十年前相比，报纸、期刊、图书这些传统纸介质出版物在文化上的权威示范作用已大大减弱，电视文化、手机文化、网络文化以及商业广告文化的影响和作用日益突显出来。儿童的认知标准，现在已经从“老师说的”、“书上说的”跃进到“电视上说的”、“电脑上说的”，这是不争的事实。

电视文化是直观的形象的视听文化、快餐文化，同时也是强势文化，它信息量大，及时性强，重复率高，覆盖面广，它天天播，时时播，循环往复播。它的强制性、它的灌输力和影响力是书、报、刊远远无法与

2006 年 11 月参加出版专业职业资格考试判卷工作，休息时间留影

之相比的。电视传播的时效性原则使它的生产制作相对比较匆忙，发生差错的几率也比较高。现代社会的物质进步和竞争压力，已经使手机变成了平民化的随身携带的快捷通讯工具，许多打工者甚至街头收破烂的人都拥有手机。中国手机市场之大，发展之迅速，令人瞠目结舌。手机短信，由于复制简便，其传播的速度与规模也是空前的。不但逢年过节时，表示吉祥祝福的矫情美文、套话、虚话满天飞舞，掩盖了人间真情的个性表达，而且广为流传的政治笑话、民间幽默等，也无时无刻不在对社会思潮和文化环境发生着潜移默化的深远影响。网络文化的物质技术条件和知识水准要求要高一些，目前还属于精英文化，时尚文化，在某种程度上染有富豪文化的色彩。其自由开放程度相当高，网络作品、博客、播客可以自由发表，想说什么就说什么，缺少必要的管理和秩序，一般都没有经过严格的筛选和编辑加工，却在知识阶层，尤其是青年群体中影响深远而巨大。网络用语的自由随意和标新立异，已经对民族共同语产生了较强的影响，其中既有积极健康的因素，也有消极病态的东西。在市场经济的环境里，商业广告的发展有铺天盖地无孔不入之势。广告语言中有些恶俗的、病态的或者不规范的东西，尽管令人反感，甚至遭到广泛的批评抵制，但是，已经卖出去的播映权却少有收回。在金

钱魔力的笼罩下，媒体的道德良知能发挥多大作用，人们只有拭目以待了。人们一面对行贿受贿请客送礼的腐败风气深恶痛绝，一面又不得不忍受每日不绝的“送礼只送……”的“疲劳轰炸”。至于一般的文字性差错和语病等，那就更不在话下了。文化的多元化发展是测量社会进步的一个重要标尺。本文对它未做全面评价，只是从文化规范的角度说明其中存在部分值得注意的问题。

影响文化规范的社会因素多元化复杂化了，规范工作任重而道远。从事传统纸介质出版物生产的编辑人员要认清形势，坚守阵地，严格自律。图书出版是历史绵长、底蕴深厚、制作精细、作用持久的常态文化，它不是临时应急的快餐，而是细水长流的家常便饭，看似不太起眼，实则深入人心，仍然是普通百姓不可缺少的精神文化营养的主要来源，其中的优秀的经典作品构成了人类文化的基干和灵魂。它是快餐文化不可取代的最重要的参照系。我们不能缺乏信心，而要发挥自身的文化优势、知识优势，变被动为主动，向差错宣战，向管理要质量。严峻的形势要求我们持之以恒，坚持不懈，开展韧性的战斗。我们不求毕其功于一役，不搞脱离实际的豪言壮语，而要冷静观察，认真思考，抓住关键，扎扎实实，一步一个脚印地做工作。

三、治理源头，标明下限

对于快餐文化、流行文化，我们应当有一个恰如其分的分析评价，不要笼而统之地将其一概斥为“垃圾文化”。肯德基、麦当劳食品是标准化快速化生产的食品，虽然只有简单几样，营养价值不算高，不丰富，不全面，但是价廉物美，干净卫生，能够提供必要的热量，足以解决一时的饥渴。可以说，快餐食品是在生活节奏日益加快的现代社会中应运而生的，市场有其客观需求，社会有其滋生的土壤。营养学家对它的批评不是没有道理，但是，不同层次的人群消费不同档次的食品。只要有需求，有土壤，快餐食品就会继续存在，谁也不能把它粗暴封杀。工商行政部门、医疗卫生部门要加强对快餐食品卫生标准的监督检查力度，维护消费者的健康。营养学家可以客观地对其营养价值进行分析鉴定，引导有消费实力的顾客去寻找别样的美食。同样的道理也适用于精神文化食粮的生产和消费。社会转型促成了生活节奏加快，竞争压力加大。在相同的环境里，人们的物质欲望越高，竞争的压力就越大，心理的自由就越少，学习的条件就越差。接受快餐文化是许多人摆脱上述逆向运动困境的一条现实出路。专家学者可以看不上快餐文化的俚俗与浅薄，却不能无视快餐文化对和谐社会建设的历史贡献，对民族文化发展的现实铺垫。正是因为这一点，我们要高度重视强势媒体的建设和管理，高度重视畅销书、流行读物的编辑和出版，建立和实行必要的编辑规范。快餐食品有其卫生标准，快餐文化也要有其“卫生”标准。政治规范、法律规范是高层次的规范，党和政府十分重视，有强有力的刚性管理措施。从文化的角度而言，文字规范、标点符号规范、语法规范、逻辑规范，这四样基本规范应当是快餐文化产品的最低“卫生”标准，是质量检查标准的下限。这四样基本规范不合格，消费者就会被传染，就会生病，祖国语言文字的纯洁性就不能得到有效的维护。越是畅销书，越是读者多、影响大的流行书，越要狠抓它的语言文字规范问题。荧屏差错的彻底治理，手机和网络文化的健康发展，商业广告的规范整顿，这些都是广大受众大声疾呼了许久的重要问题，希望有关行政部门能有坚实有力的管理措施出台。只有从源头上下手认真治理，才能收到事半功倍的效果。

从出版行业职业资格准入制度的建设而言，在编辑职业资格考试中，要加大编辑规范所占的比重，提高相关内容的分值。不达到一定的水平，就不能进到编辑队伍中。同时，要抓紧新编辑的培训教育，特别是要把严格按照上面讲到的四样基本规范操作变成每一位新编辑自觉的职业习惯。这是编辑的基本功。每个出版单位都要进行这样的职业养成教育：从开始接触的第一部书稿实习起，每一句话，每一处标点是否规范，有无差错，有无语病，有无逻辑问题，都要详加推敲斟酌，通过不厌其烦地反复练习，做到眼睛“毒”，动作快，渐渐形成条件反射式的本能反应，听见问题就要说，见了差错就要改，不改就放不下，吃不香，睡不着。出版史上许多优秀编辑都是这样敬业奉公的，遇到疑难问题，魂牵梦绕地思考探讨，三更半夜爬起来修改润色。这是强烈的自觉的文化使命感的自然流露。

从出版产业的发展战略而言，传统出版单位应放开眼界，通观文化发展全局，采取蓝海战略，向生产的深度和广度进军，有步骤有准备地把自身的资源优势发挥和扩张到电子产品、电视荧屏、电脑网络上去，尽力避免在本行业的狭小空间里无序竞争和自相残杀。换个角度说，传统出版产业和新技术产业将各自的优势充分发挥、相互结合后，将给大家展示出一片崭新的大有作为的广阔天地。

2007 年 4 月 20 日

本文原载《中国编辑》2007 年第 4 期，发表时标题被改为“编辑规范工作随想”，今恢复原题

起书名要讲逻辑

最近出版的一部新书《冯梦龙民歌集三种注解》，细看其内容，原作有冯梦龙辑录评论的两种明代民歌集《挂枝儿》和《山歌》，还有一种冯梦龙附骥仿作的艳情打油诗《夹竹桃》。刘瑞明先生则从性爱描写和语言诠释的角度对以上三部作品做了全面的注解。这三部作品均以性爱描写为主题，格调相近，放在一起出版是可以的，可供研究。问题出在书名上。

《挂枝儿》和《山歌》是名副其实的民歌，是明代市井流传的歌谣，属于不明作者的口头文学作品，冯梦龙做了辑录整理工作，并从欣赏的角度加了一些评论。而《夹竹桃》是文人仿作的游戏文字，属于个人创作。从作品性质说，《挂枝儿》和《山歌》是民歌，《夹竹桃》则不是。从著作权说，冯梦龙虽然拥有《夹竹桃》的著作权，但对《挂枝儿》和《山歌》却只享有编辑权和评论部分的著作权。不同性质和不同权利归属的区别在新版书名中却被抹杀了。再说“三种”二字，它夹在书名中间，既可承上，又可启下。承上读文理不通，因为《夹竹桃》不属于“民歌集”；属下读又名不副实，因为全书并无三种注解，而只有刘瑞明先生的一种注解。更有绝的，封面设计上将“冯梦龙”占一行，用蓝字排，将“民歌集三种注解”另占一行，用黑字排。如此另行排列，理据何在？除了版面美观的考虑外，其内在含义上的实质变化怎么就没人注意呢？

出版工作是一项文化工作。凡事要依理而行，要通情理，守法纪，讲文化。书名犹如人的眼睛，是最传神的所在。小小一个书名，竟如此含混不清，逻辑混乱，真令人心忧，令人深思。在市场化的环境下，做出版工作的人要守住精神文化的底线，对本职工作上的问题要认真思索，努力解决，不要不走脑子，任其自然，尤其不要因急功近利而忙昏了头。

我建议：此书重印时应更改书名，以求清晰确切。（郑重）

本文原以“解读一个新书名”为题载于《中国编辑》2007年第5期

关于修订《图书质量保障体系》的思考与建议

1997年6月发布的《图书质量保障体系》全面继承和发展了我国出版界的管理经验，具体翔实地制定了各项工作制度的规范，是与《出版管理条例》相配套的部门规章，是一个严格有效、可操作的行政管理文件，在促进图书出版工作全面健康发展的过程中发挥了重要的历史作用。十年后的今天要组织力量对之进行修订，我有几点思考与建议。

一、首先要考虑政治经济社会文化环境和图书出版工作的形势有哪些重大变化和发展趋势，我们应当如何适应这种变化和趋势。我国社会主义市场经济体制的基本建立和日趋健全是一个根本前提。文化体制改革正在深入开展，图书出版工作产业化市场化的趋势日益明显。这是经济方面。社会主义和谐社会的理念和文化多元化的现实，更加民主、更加开放、更加宽容的社会氛围；中外文化交流十分活跃，既重视引进，也重视输出。这是思想文化方面。小康社会的经济发展必然要求与之相适应的文化繁荣，物质生活水平提高了，相应的精神文化享受也必不可少。为了适应上述重大变化，《图书质量保障体系》要作一些重要补充和修改，在继续重视意识形态主导性、重视舆论导向正确性、重视社会稳定和谐的前提下，要特别注重如何充分满足人民群众日益丰富多样日益深刻强烈的精神文化需求，如何大力促进文化建设和学术繁荣，把工作重点从建立引导防范机制转变到建立适应市场经济体制的培育发展机制上来，把建设一个法制健全、管理有序的统一的开放的图书市场和促进出版经济的繁荣和发展放在更重要的位置，把培植一定数量的优秀出版企业成长为能够自主经营自我发展自我完善的市场竞争主体作为核心目标来抓。在继续综合运用各种行政管理手段的同时，要更加重视健全法制的问题，运用法律手段净化图书市场，并努力运用经济杠杆(包括价格、利润、税收等)调控图书市场。例如图书价格立法问题，高定价低折扣的商业欺诈行为屡禁不绝，严重扰乱图书市场，如何惩治，现行法律规章上就缺乏明确规定。盗版盗印问题难以惩治，也是一个法制实践问题。市场经济是法制经济。在市场环境里，法制管理是基础，经济调控是主要手段，行政管理是重要辅助。修订《图书质量保障体系》，建议要立足于社会主义市场经济体制的大环境，充分重视法律手段和经济杠杆的运用。

二、从文件的结构来讲，原来是在总则之后先讲微观的图书质量责任机制，后讲宏观管理的调控机制，再讲社会监督机制。建议在总则之后，先讲宏观的决策，战略的规划，明确客观形势与奋斗目标，说明实现目标的基本措施、手段，然后再讲微观的质量控制问题，技术操作问题，以战略目标统驭微观运行。有些过于虚泛的条款可以简化、压缩或归并。有些专项规定点到即可，技术细节不必讲得太具体。

三、建议明确提出狠抓创优和促进繁荣的战略目标。原来的重点似乎在防止捅娄子、出问题，这方面的成功经验还要继续巩固，但是仅仅保平安已不能与经济发展、社会进步、国际威望日益提高的现状相适应了，建议下大力气狠抓创优和促进繁荣，实现科学文化的复兴，以求走在世界各国文化建设的前列。在图书质量评价标准上，建议明确宣布要把图书内在质量放在首要地位。除政治合格、导向正确外，建议把图书的学术文化含量或科学技术含量的高低、理论说服力或艺术感染力的大小、图书内容满足读者精神文化需求比率的高低作为评价图书质量的中心环节。在继续认真抓好图书编校质量的同时，要大力开发足以全面具体反映国家科技和学术研究水平、文艺创作水平并具有国际影响的优质精品图书，努力生产能够适时满足最广大读者精神文化需求的优秀畅销书，使这两方面图书的生产有一个与经济发展、社会进步相适应的迅速增长，成为带动出版企业实现社会效益与经济效益综合目标的前进动力。在图书出版方面，要妥善适时地把握好研究创新与应用推广的相辅相成关系，因时因地制宜地掌握好提高与普及的辩证关系。

四、在人事制度方面，建议强调对编辑出版专业人员实行严格的职业资格准入制度，对各级领导岗位实行严格的持证上岗制度，做好相应的职业资格考试工作和评审工作。从编辑出版专业队伍的入口处把好关口，为保障图书质量提供最基础的组织保障。对在职人员要做好继续教育，强调提高政策水平、遵守职业道德、注重知识更新。

五、原来对三审制的阐述偏重于审稿，偏重于决定书稿取舍之前的工作，偏重于编辑流程的前半段。建议明确规定三审制是贯彻图书编辑出版全过程的一项基本工作制度，不论在编辑、印制、发行哪一个环节，关于图书出版的任何一个重要举措都要经过责任编辑、编辑室主任、总编辑的三级审查处理才能最后决定。责任编辑是初审，是图书出版的第一责任人，负责对书稿作全面具体的审查、加工、处理。室主任是复审，负责从政治上业务上具体指导责任编辑的各项工作，并解决责任编辑提出的各种问题。总编辑是终审，负责了解检查责任编辑和室主任的工作情况，对所编辑加工完成的书稿做出出版与否的最后决定，对图书出版行为负领导的责任。从具体操作层面讲，通过读稿，对书稿的价值和存在的问题作出判断，提出取舍意见和修改方案，以上工作程序可以概括为“审读”；对决定采用的书稿做精细周密的修改和加工，使之达到出版水平，以上工作程序可以概括为“审订”。三审制中的“审”字，应当包含“审读”和“审订”两个基本方面。过去常用的“审稿”概念，习惯上偏重于编辑过程的前半段，与三审制的“审”字不能完全对应，容易引起分歧和误解。新的表述建议要尽可能准确贴切，不引起误解。

六、在近些年的编辑出版业务实践中，由于图书市场的竞争日趋激烈，选题策划与创意设计的作用日益突显，受到许多领导的特别重视，关于“策划编辑”的问题目前还处于探索试验阶段。在有关责任编辑的条文中，建议强调无论选题策划还是审读加工都是责任编辑的基本职责，一般而言，两方面的能力编辑都应具备。根据编辑队伍的人才状况和具体选题的需要，责任编辑可以是一个人独立承担，也可以由各有专长的人员合力承担。对于目前处在探索试验中的新问题不忙于做结论。

七、关于奖惩机制和出版基金保障制度的问题，原有的优秀和良好出版社表彰制度虽然具有引导作用，但实际作用和影响不太大。如果能对评定的优秀和良好出版社实行区别于一般出版社的利税政策，以增强它们的经济实力和发展后劲，那就大不一样了。出版行业的利税返还政策，与其另设宣传文化发展基金，通过争项目实现再分配，不如将其中大部分直接返还给政治素质好、文化使命感强的优秀和良好出版社，它们才是图书市场上自觉自为的竞争主体。让它们在图书市场中施展身手，作一些符合实际的决策和贡献，可以减少一些大而无当浪费资源的长官意志工程，可以减少相当数量的不必要的形式化的项目论证和评审工作。搞项目只有花的是自己的本钱，才有可能注意节约，杜绝浪费。要让内行的出版家自己有本钱上新项目，不必时时向财政伸手。

八、对出版企业的经济考核，要区别于一般的物质产品的生产企业，不能要求出版企业的利润逐年递增，建议不设年利润增长率指标。出版社生产的是精神文化产品，需要相当大的投入，尤其略具规模和影响的图书精品工程更需要一个比较长久的研发生产周期，需要持续数年甚至更长时间的资金投入、人力投入。建议每三年或每一届任期设定为一个考核期，考核期内实行年平均利润指标的考核，不搞逐年递增。这样可以放水养鱼，可以将出版企业的财务管理导入良性循环的轨道，避免出现“做账”隐瞒利润等积弊，也可以改变图书生产普遍偏重“短平快”、长期低水平重复的被动局面。一个考核期满，然后再根据出版社的整体经营发展状况调整确定下一个考核期的年平均利润指标。

以上粗浅之见，希望引起讨论与批评，以利于修订工作的开展。

本文原载《科技与出版》2007 年第 12 期

略谈古籍编辑的基本素养

古籍办(全国古籍整理出版规划领导小组办公室的简称)同志给我规定的讲课题目是“古籍编辑的学术素养与古籍整理书稿的审读要求”，这个题目非常大，要在三个小时的时间内讲完这个问题，只能大题小做，把有关内容压缩起来讲，讲一些要点，讲一些最核心的内容，有的地方甚至只能讲一讲标题，不可能比较从容地展开来讲。这一点要事先取得同志们的谅解。因为缺乏经验，我虽然准备了许久，仍然没有形成一份有条有理的文字提纲，只能想到哪里讲到哪里，难免杂乱无章，东一榔头，西一棒槌。有些个人感触也未必正确，讲出来仅供参考，错误不妥之处，欢迎批评。

一、从编辑工作的特点谈起

先从一般的编辑工作谈起。编辑出版工作肩负着思想建设、文化积累、知识传播的历史重任。从事这一职业的人要有比较高的政治觉悟和思想境界，要有甘于寂寞乐于奉献的精神。编辑工作是一项高素质的综合服务工作，编辑的劳动成果往往不是独立地表现出来的，而是通过出版的图书反映出来的，编辑的心血和汗水凝结在他人的作品中，就是说，出的书都是作者的，编辑的劳动凝结在作者的书里面。编辑要善于发现和举荐优秀的作品，并通过自己严谨细致的工作，使作品有所修订、有所补充、有所完善。通过这样的方式，编辑将自己的聪明才智无私地奉献给作者和读者，奉献给社会。编辑工作的特点就是这样的。书上的署名主要是作者的，现在已经有这样的制度规定，正式出版的图书，在版权页上可以有责任编辑的署名，不过图书的著作权仍然归属于作者。因此，没有无私奉献的精神是不可能热爱编辑工作的，没有对编辑工作的了解和热爱，也不可能干好这份工作。如果编辑人人都心浮气躁，只考虑个人的利害得失，一心想着怎样赚钱，怎样分利，图书出版工作就必然会出现种种混乱、种种消极现象，一些坏书、一些文化垃圾、一些粗制滥造的劣质品就会不断出现。出坏书的原因是多种多样、很复杂的，而编辑队伍的思想素质如何是关键因素之一。责任编辑是出版工作中的第一道防线，是最基础也是最重要的防线，他是首当其冲而且责任重大的把关者。

一般均要求编辑有比较广的知识面，比较强的工作适应能力。不论在哪一类型的出版社工作，编辑总要有自己的基础专业，或者文学、历史、哲学，或者政治、经济、军事，或者数学、物理、化学等。只有自己赖以立足的基础专业方面的知识技能比较丰富时，编辑的艺术与技巧才有比较广阔的发挥馀地。一无所长，没有基础专业知识的人，一是很难找到自己的位置和归属，二是未来长远的发展将受到很大限制。因此，早日明确自己的基础专业是很重要的。

学校教育，不论学制多长，学位多高，是硕士还是博士，也不论课程多么丰富，说到底，都只能打下一定的知识基础，不可能把将来工作中需要的一切都教给你，许多东西要在毕业以后的本职工作中学。作为编辑，除了学校教育打下的知识底子以外，很重要的一点是要有很强很自觉的自学能力，掌握治学门径。在学习中，除了熟练掌握必要的基础知识、基本技能以外，尤其要自觉培养吸纳消化新知识的能力，掌握独立攀登科学高峰的本领，自觉培养善于思考、善于探索、善于独立发现问题和解决问题的能力。当编辑的一定要做通才，要知识面宽，涉猎面广，五花八门的，什么都懂一些，什么都有点基础。当编辑的最能体会什么叫"学无止境"。实际上，每编一本书都是一次学习探索的过程。无论多高深的著作，多尖端的新发明、新理论，编辑都应该读得懂，啃得动，钻得进。这样才能与作者有共同语言，有交流，有识别，有鉴定，有审读加工的可能，有修订完善的希望。因此，关键的本领是吸纳消化新知识的能力，这是编辑工作的内在规律所要求的。

为了培养和提高自己吸纳消化新知识的能力，第一，必须精通马克思主义的哲学原理、逻辑常识，掌握科学的思维方法。马克思主义哲学原理，理论界称之为辩证逻辑，是高级的逻辑，还有一般人日常应用的讲概念、判断、推理的形式逻辑。有了这些武器，就可以对事物做出理论上的判别。第二，必须具有深厚的语文修养，能够正确而熟练地驾驭语言文字，包括标点符号。当编辑的一定要语文功底好，能够正确自如地表达自己的思想，这一点非常重要。第三，必须非常熟悉本学科的经典著作、基本原理、基本技能。有些最基本的东西要反复阅读、反复钻研、反复练习，真正做到烂熟于心、练得纯熟，这样才能不假思索、得心应手、运用自如，才能举一反三、闻一知十。效率的高低、水平的高低，往往产生在这里。最基本的东西仅仅知道是不行的，一般地懂得也不行，必须非常熟练，随时随地都能熟练应用，就像条件反射一样，一有情况，立即能够做出相应处置，出手就对，这才能够及时有效地解决问题。现代高科技技术手段的应用与普及，计算机技术、数字化技术的推广，为图书出版业的革命性发展展示了美好前景。我相信，新一代编辑出版人才在现代科技的武装下，凭着自觉的努力，必将创造出无愧于时代的光辉业绩。

二、古籍编辑的工作特点和业务能力

古籍社编辑与一般出版社的编辑在工作上有很大不同。一般出版社的编辑追踪的是现代作者的思维，无论思想观点还是知识结构，同时代人之间比较容易沟通和交流。古籍整理就不同，他跟踪的是不同历史时代的古人，他整理的对象是上下五千年的文明积累成果，知识面不宽行吗？拿写论文作比方，写作者可以抓住自己熟悉和擅长的问题尽情发挥，对不熟不懂的问题可以设法避开，可以扬长避短，可以藏拙。校点古籍就没有这样的方便。整理校点哪一部古籍，就必须认真读懂它，从头到尾，一字一句，都必须懂，遇到疑难问题无法绕开。只有啃得动，读得懂，才有可能从事校勘和标点断句。啃不动，读不懂，就断不了句，校不了字。不懂装懂或者似懂非懂，就会出问题，就要丢人现眼，留下“硬伤”。古籍图书的原作者是主动的、自由的，他可以信马由缰，浮想联翩，想到哪里就写到哪里；校点整理者是被动的，是跟着走的，只有紧紧跟踪原作者的思维轨迹，才有可能圆满完成校点任务。原作者读到哪里，想到哪里，写到哪里，整理者就得跟到哪里。跟得上才能理解他，跟不上就解决不了问题，就会断破句，会错意。整理者只是跟踪一个原作者，已经很难，而编辑除了跟踪原作者外，还要跟踪整理者：你跟踪原作者，才能真正解决问题；你跟踪校点者，才能明白他为什么会发生错误。所以，当一名古籍编辑确实是又光荣又艰难。

古籍主要是 1919 年五四运动以前几千年文明积累的成果，是传统教育时代的产物。传统教育时代是儒家经学占据主流地位的时代，后来由传统教育时代转变到学校教育时代，而现在已经进入信息时代，跨越了两个时代。从语言文字的应用上讲，传统教育时代是书面上文言文占统治地位的时代，学校教育时代是白话文逐步占据统治地位而文言文并未退出历史舞台的时代。从五四运动到 1949 年解放前后，文言文和白话文还有一段并驾齐驱、互争短长的过渡时期。现在的信息时代则是白话文和计算机语言的时代，文言文完全退出了日常生活应用的范围，成了历史的回忆，一般人对它已经十分隔膜了。现在三十岁以下的人一般只认得简体字，还有少数人认得繁体字。再过二三十年，人们读的写的全都是简体字，从文字上讲，人们对古籍就更加隔膜了。时代转换，日常应用的语言文字发生了质的变化，这件事非同小可，所以，整理古籍的任务势将落在少数人的肩上，这份历史责任是十分重大的。

古籍整理的工作对象都是陈旧的东西，同时又是富有生命力的东西。不陈旧称不上古籍，不是富有生命力的东西又没有整理的价值。从事古籍整理工作的同志应当做一个有文化根底的现代人，我们不要做两脚书橱，不要做活的《康熙字典》，而是要有新的头脑，要掌握先进的世界观、方法论，要吸收人类精神文化上一切新的先进的成果。既要有现代人的眼光，又要有传统文化的根底，中西合璧，文理兼通，这样才能做好古籍整理工作。因为整理古籍，批判地继承民族文化遗产，无论民主性的精华还是封建性的糟粕，它都不是单纯的孤立存在，而是互相渗透互相交融地糅合在一起的，就像面粉和水和成面以后，已经糅在一起了，什么都在里面，并不是可以清楚地区分开，哪些是可以要的东西，哪些是不可以要的东西。从意识形态上说，我们要用现代观念、现代眼光分析评价它，批判对待它；从语言文字上，从知识体系上，我们又要理解它，传承它，从中汲取营养。这是一个复杂的吸纳消化过程，千万不能简单化。高级的古籍整理工作，要求做到辨章学术，考镜源流，批判继承，推陈出新，要创造出新的反映时代特色的文化产品来。这是一项重要的历史任务，需要较多的准备、较大的投入，不是短时间内能够完成的。目前进行的初级的基本的古籍整理工作，是把过去时代的具有文化积累价值的精神产品，通过校勘、标点，使它成为具有权威性的定本：文字篇章是可靠的，标点断句是正确的，让现代人比较容易看得懂。现时代的工作和生活条件不可能让每一个人都去接受阅读古籍的专业训练，整理古籍的任务主要交给了少数人，即专业的古籍整理工作者和古籍编辑。

古籍整理图书的内在质量主要决定于两方面情况：一是古籍整理专业工作者的校点工作含量，二是古籍出版社的编辑工作含量。能不能出版合格的古籍图书，能不能出版群众喜闻乐见的优秀的古籍读物，那就决定于上述两方面的共同努力。我今天主要讲古籍社的编辑工作含量。校点工作含量是古籍整理工作者的事情，是书稿质量的基础，编辑也要对它有足够的了解，但毕竟各有分工，职责不同，我们应当格外重视的还是编辑工作含量。

现在专业的古籍出版社不算少，大约十几二十家，如果加上突破专业分工插足古籍出版的综合社、教育社等，数量就更为可观。但是每年出版的古籍整理图书却实在不多，尤其是高质量的原创性强的古籍书少，而你中有我、我中有你、改头换面、重复出版的品种却到处泛滥。从质量方面对现有古籍新书做个粗略评估，按百分制来评判，大约能得五六十分的比较多，得七八十分的有一些，九十分以上的则很少。市面上见到的古籍书，质量过得去就算不错了。质量堪忧的基本原因在于许多古籍图书没有包含编辑工作含量，或者编辑工作含量不足。不少古籍社的编辑放弃自己的职守，认为古籍书太艰深太难读了，自己学识不够，于是干脆不读，听任作者自处，作者交来什么样，印出来就是什么样。不做审读加工，原封不动地发稿出书，怎么可能提高图书质量呢？如果碰上校点整理者不是一个负责任的、高水平的作者，书中的缺点错误就更加严重了。这既是对作者不负责任，又是对读者不负责任，也是对自己的放纵。这样做工作，永远也不可能成为一个称职的编辑。水平低不能成为不做工作的借口，而应成为激发自己刻苦学习的动力。既是当编辑，在这个岗位上，就要尽我所能地履行职责，一点一滴地奋发努力，能做多少就做多少，坚持下去，必有所成。

古籍编辑的业务能力大致包括以下五个方面。一是以逻辑思维为特征的推理思辨力，就是理论思维能力，侧重在哲学社会科学研究方面。二是以形象思维为特征的艺术鉴赏力，侧重在文化艺术作品的创作和评价方面。三是以语言技巧为核心的文字表现力，就是语文功底，表达能力。以上三方面能力是一般出版社的编辑都需要具备的。现在出版业已经由传统的计划经济体制转变到社会主义市场经济体制，图书生产也由过去的单纯生产型转变为生产经营型，承认和重视图书的商品属性，重视市场需求。因此编辑的业务能力还应包括第四项：以了解读者了解市场为目标的调查研究能力。要当好古籍社的编辑，还有一项关键的业务能力，就是以经典性核心古籍为基础的阅读古书的能力。阅读古书的能力是古籍社编辑开展工作的基本条件。不具备起码的阅读古书的能力就无法开展工作，即使勉强开展了，也会寸步难行。阅读古书的能力越强，工作中的自由度就越大，做好古籍图书出版工作的把握性也越大。可以说，阅读古书的能力是古籍社编辑独具特色的看家本领，人人都要重视它，自觉地培养它、提高它。

三、以经典性核心古籍为基础，自觉培养提高阅读古书的能力

古籍浩如烟海，有人统计为十万种，有人统计为十二万种，还有人统计为十五万种，总之，多得读不完。人生有限，一个人一辈子读不了多少书。在古籍社做编辑，视野不能太窄，无论来了什么书稿，都要能够审读处理。那么，怎样才能迅速有效地提高自己阅读古书的能力以适应工作需要呢？我的体会是要紧紧抓住经典性的核心古籍，以它为基础进行积累和扩展。

培养阅读古书的能力，入门的理想教材是王力先生主编的四卷本《古代汉语》。这套书多年以来畅行不衰，而 1998 年的校订重排本更加完善

可靠。它最大的优点是有一个科学有效的教学体系，把文选、常用词和古汉语通论三部分内容有机地结合在一起，相辅相成，让读者能够高效率地提高阅读古书的能力。

过去学古文都是童蒙时期就开始背，死记硬背。有不少文史大家幼年颖异，五六岁时就把四书五经都背下来了，迟一些的，十来岁左右也把十三经等都背下来了，有的甚至倒背如流，非常熟练。但是他不理解，完全是机械的记忆，这是传统教育的笨拙方法，也容易摧残人的心智。不过也有好处，这是一种反刍式的教育。在人最年轻、记忆力最好、头脑里还没有任何负担的时候，让你把一辈子里最需要记的东西都背下来，然后随着年龄的增长、阅历的加深，不断地反刍，不断地消化，学问就越来越大。童年的记忆是印象深刻难以磨灭的。有一段时间，我们把记忆与背诵否定得太过，什么都强调理解，强调轻松活泼，忽视了早期教育中记忆和背诵的重要性与合理性。语言首先是口耳之学，需要反复训练，不断重复，听得多，记得多，自然而然就会了。要掌握古代汉语，不少著名学者推荐的办法是精选三五十篇典范的古文，反复地读，反复地背，反复地理解体会，读熟读懂了，背会了，自然而然地就词也有了，语法也有了，语感也有了。以后再读到类似的作品，你就能够触类旁通，大致弄懂，十之八九都不会弄错。现在的青年编辑是经过学校教育的正规训练，在充分理解的基础上背诵和记忆，应当比死记硬背有更好的学习效果。

常用词是王力先生《古代汉语》教材的一个重要组成部分。它选择的是阅读古汉语作品经常碰到的词，冷僻的词一概不选；注释的是这些常用词的常见意义，冷僻的词义也一概不注，这就精简了许多不必要的枝枝节节的东西。它整理得十分规范，先注本义，后注近引申义，再注远引申义，最后注假借义，井井有条，层次清楚。它的注释简洁明了，概括性强，重视词的基本意义。有时候查一个字，如果查那些老的训诂资料书或者某些大型字典、词典，经常会碰到义项太多的问题，十几二十项，令人眼花缭乱，不容易对上口径，而如此琐细罗列的义项又往往只是“随文释义”，是特定语言环境下的具体解释，不具有概括性和稳定性，换一个地方就不大容易讲得通。王力先生《古代汉语》常用词的词义经过了整理、提炼和归纳，虽然只有不多的几个义项，但讲的是词的基本意义，可以囊括所有“随文释义”的繁琐解释，具有以简驭繁、举一反三的功效。使用《古代汉语》教材，既要读文选，又要读常用词。常用词是要自己看的，要多读，读熟，结合文选，反复温习，留下深刻印象。阅读古书时经常碰到一些疑难问题，天文、历法、地理、职官以及文字、音韵、训诂等广泛的历史文化知识，王力先生选择重要而常用的东西放在《古汉语通论》中讲。对《古汉语通论》也要认真阅读了解，重要的内容要争取记住，教给的方法要能熟练运用。这样一个三结合的教学体系，能够最有效最迅速地提高学生阅读古书的能力，三部分内容互补为用，缺一不可。自学者要自觉地按照设计者的科学构想，将三部分内容的学习有机地紧密结合在一起，才能真正把该学的本事学到家，收到多快好省、事半功倍的效果。

经典性的核心古籍是文化价值很高、历史影响巨大的典范作品，它们数量不多，却源远流长，富有生命力，是民族文化的筋骨血脉。传统说法的四书五经、十三经，这是儒家经典。传统文化又不限于儒家文化，而是三教九流，无所不包，范围非常广泛，因此，还要适当补充一些其他方面的经典。不言而喻，古籍社的编辑一定要有相当广博的知识面。单说雅文化方面，如果可能，就应当“纵观廿四史，静对十三经。熟谙诸子术，朗诵众诗文”。再加上戏曲、小说及其他俗文化，需要学习了解的东西真是数也数不完。这是一方面。另一方面，中国古籍从意识形态上讲，绝大多数属于封建文化或半封建文化，与家族社会和农耕经济关系密切，因此，传统文化又确实是以儒家文化为主干的，三教九流、官民雅俗，无不受到儒家经典的深刻影响，从先秦时期直到晚清、近代都是这样。司马迁著《史记》就说：“孔子布衣，传十馀世，学者宗之。自天子王侯，中国言六艺者折中于夫子，可谓至圣矣!”汉武帝时开始“罢黜百家，独尊儒术”。南宋以后，宋明理学盛行，朱熹的《四书章句集注》被尊奉为科举考试的金科玉律，这种情况一直延续到晚清时期废除科举为止。在浩如烟海的古籍中，抓住了这样一些贯彻始终、影响深远的经典古籍，就抓住了传统文化的纲，抓住了主流，抓住了要领，就可以以简驭繁，以少胜多。经典古籍种数不多，总篇幅也不是很大，根据清人钱泰吉的统计，十三经全部正文也不到六十五万字。我们只要从自己的实际情况出发，斟酌难易，根据轻重缓急，订一个全面的学习计划，认真坚持读下去，就一定能够学好。

作为建议，我提一个精读的书目供大家选择参考。《论语》正文不到一万六千字。《孟子》字数多一点，也不到三万五千字。《大学》、《中庸》篇幅都较小。朱熹的《四书章句集注》是旧时代的标准读本。杨伯峻的《论语译注》与《孟子译注》简明扼要，深入浅出，是准确了解原著内容的较好的新注本。《诗经》是古典诗歌的源头之作，正文约四万字。人民文学出版社出版的余冠英的《诗经选译》选得精，注得精，译得传神，是一部精彩的选本。程俊英及其助手的《诗经注析》对《诗经》逐篇进行了详细的注释和讲解，可惜不够谨严，尤其在古代礼制方面错误较多。王文锦写有《读〈诗经注析〉札记》，给予了批评和订正。礼经方面可以先读《礼记》，正文接近十万字，它是阐述儒家礼学思想的。中华书局最近出版了王文锦的《礼记译解》，深入浅出，简明可读，译文准确流畅。《周礼》和《仪礼》讲上古礼制方面的理想规则，讲得非常细致具体。如果从事先秦社会历史的研究和考古，当然要认真读这两本书，否则，可以稍后一些再读。《周易》是古代哲学思想的源头之作，正文约二万四千字。《老子》五千言，抽象思维水平很高，言简意赅，对事物之间的辩证关系有精彩的表述。《庄子》篇幅比较大，既有深刻抽象的哲理思辨，又有汪洋恣肆的艺术表现，既是哲学著作，又是文学经典。《周易》、《老子》、《庄子》，历史上称为“三玄”。读了“三玄”，接受古代哲学方面的东西就比较容易。上海古籍出版社出版的黄寿祺及其助手的《周易译注》，内容比较全面准确，是较好的读本。中华书局出版的陈鼓应的《老子注译及评介》、《庄子今注今译》可供参考。《春秋》三传中，《穀梁传》、《公羊传》侧重于微言大义，可以放在后面读，《左传》着重讲述有关历史事实，应当先读。读了《左传》，也就读了《春秋经》。杨伯峻的《春秋左传注》是比较全面的集成之作，简明扼要，注释准确。沈玉成的《左传译文》与之相配，译文畅达可靠，十分难得。《史记》是纪传体史书的开山之作，而且指导思想非常明确：“究天人之际，通古今之变。”这是一部划时代的古籍整理的典范作品。搞历史的同志，不论搞哪一段，《史记》都是非读不可的基本书，而且，凡是研究秦汉以前的传统文化也非读《史记》不可。

除了重要的儒家经典以外，《孙子兵法》作为“万世兵书之祖”也应当一读，其军事辩证法思想是冷兵器时代的杰出典范。佛教从两汉之际传入中国，对唐宋以后的中国文化产生了重要而深远的影响。佛典一般具有体大思精、名相繁多的特点。重要的翻译原典有《金刚经》、《妙法莲华经》、《华严经》等，本土化的中国佛教典籍有《大乘起信论》、《坛经》、《五灯会元》、《古尊宿语录》等，我们可以选择部分典籍认真精读，以了解其教理教义和思维论证的路数。读佛典要不怕繁琐，耐心坚持，要掌握一点因明学(印度古代关于思维论证的学说)知识。道教典籍多数是以“三玄”(《周易》、《老子》、《庄子》)为思想渊源的，掌握了“三玄”，十之七八的道教典籍都可以读懂。如果再了解一些内丹炼养方面的理论知识，就可以全面应付了。

读基本经典，从源头上掌握，紧紧抓住历史悠久、影响巨大的经典性核心古籍，精读熟读，反复记诵，让它在头脑中扎根，这是多快好省、执一驭万的学习方法。有了这些基本经典作基础，就可以在脑子里建构一个条理分明的知识框架，形成一个强大的高效能的信息磁场，就可以不断吸附相关的文献资料信息，不断地“滚雪球”，越滚越大，最后达到触类旁通、左右逢源的境界。

现在有了电脑这个高科技的现代信息工具，为整理古籍、研究治学带来了极大的方便。电脑功能丰富，信息储藏量可以无限大，不少有关古籍和传统文化的电脑信息库正在开发建设之中，有的已投入使用，受到各方面好评。不过，再大再方便的信息库，也要以人脑已有的信息为线索，才能检索、调取、组合、编辑。因此，对经典性核心古籍的记诵仍然是不可或缺的基本功。而且植入人脑中的信息不是死的、消极被动的，不是冷冻式储藏，而是可以联想，可以触发，可以融会贯通的，是能够生根发芽开花结果的。我们既要充分发挥电脑的现代科技性能，又要有意识地锻炼人脑的记诵与思维功能，使二者相得益彰。

四、关于编辑作风等问题

古籍社编辑肩负着弘扬传统文化的历史重任。面对浩如烟海古奥艰深的古籍，我们不能望而生畏，止步不前，不敢深入了解古籍整理业务，自甘于做一个门外汉，而要志向远大，自强不息，知难而进，在困难面前不退缩，不气馁，不放弃职守。越是繁难，越要咬紧牙关，刻苦钻研，尽力而为。千万不要像孔老夫子批评的那样："力不足者中道而废，今汝画。"任何人的业务能力都不是天生的，而是在艰苦的持续的实践中学习培养锻炼出来的。有两句话可供大家参考：能力同肌肉一样，锻炼时才能生长；用则进，废则退。只要坚持不懈地向高标准努力，我们就能成长进步以至于成熟。

古籍编辑要树立两个基本观点：重视文化积累的观点，重视推广普及的观点。

看一部书稿，首先要看它文化积累价值的大小。根据这一点，古籍是可以分类区别对待的。一类基本已被历史淘汰的书，可以让它躺在书库里，注意保存好，编好目，以备查检；一类可供专业研究工作者参考使用的书，这类书可以影印，以广流传；一类是至今仍在发挥影响，在当代人的文化生活中继续起着作用的基本古籍，它流传较广，影响较大，而且有一定的代表性，包括文史哲各方面的著名的总集、别集、选本等。这类书是面向大众的，一般要做好校勘和标点断句等基本的整理工作，给读者提供一个篇章文字可靠、标点断句正确的版本，以方便阅读，促进文化消费。其中重要而优秀者，还要编撰选注本或译注本，以利推广普及。这类基本古籍，根据几届古籍整理出版规划的统计，总数约在两三千种左右。历届规划都没有全面完成，原因在于规划的实施有点任其自然：有哪方面作者，他熟悉哪一方面，就出哪一方面的书；有的规划项目，虽然有了题目，但是没有或者找不到熟悉它的作者，这个项目也就搁置起来，无人问津。还有一类经典性的核心古籍，如上述四书五经、十三经之类，它是传统文化的筋骨血脉。对于这类古籍，仅做校勘标点等基本的整理是不够的，还要更深入一步，做考辨、校笺、集释等研究性、集成性的整理。中华书局影印的《十三经注疏》是清人阮元汇集校印的汉唐时期的代表性注疏，曾经通行了很长一段时间。北京大学出版社新近出版的《十三经注疏》比影印本前进了一大步，是今人用新式标点重排的，更方便易读了。但是，它毕竟还是阮元编纂的《十三经注疏》，表现形式上有了重大改进，而内容上并无实质性的更新。清代经学研究成果异常丰富，有许多新的创获和重要贡献。中华书局曾经做了"清人十三经注疏"的重点规划，并组织出版了其中若干部重要书稿(约近一半)，后因种种复杂原因而进展缓滞。在全面完成"清人十三经注疏"规划项目后，再进一步推陈出新，出版现代人的研究成果，才能继往开来，总结提高，做出无愧于时代要求的崭新贡献。

时代转换，老成凋零，古籍整理事业面临一个承前启后重整队伍的严峻形势。对于经典性核心古籍和比较重要的基本古籍，对于列入整理规划中的重要项目，再像过去那样听其自然、放任自流不行了。制定国家规划，就要明确哪些骨干项目是非完成不可的。一年不行就三年五年，三年五年不行就十年八年；没有自告奋勇的作者，就下达任务，组织攻坚；作者暂时不成熟也决不气馁，决不放弃，抓紧培养扶持，期以时日，委以重任，总之，不达目的，决不罢休。不如此，就不能解决人才青黄不接的问题，也不能解决研究课题上的缺门缺项问题。这一情势有相当的紧迫性，越往后，困难越大。

重视推广普及的观点就是要做群众工作。民族文化的根是传统文化。中华民族之所以是中华民族，就在于有文化上的认同。如果失去了民族特色，大家都一样，那就变成"世界公民"了，那是遥远的将来的事情。中华民族的传统文化是很有特色的，为人类文明的思想宝库提供了很精彩的东西，传统文化中有很多对人生对社会的深刻思考。现代化不是技术至上，不是只要科技。科技素质和人文素质要紧密结合在一起，才是一个健全的现代人，现代素质包括继承东方文化的思想精华在内。现在越来越多的人认识到，现代化要求人的精神健全。在社会转型期，市场经济的初始时期，人文精神的失落是一种严重的危机，所以，要强调精神文明，重视素质教育，这就包括批判继承、弘扬优秀的传统文化在内。"形而上者谓之道，形而下者谓之器。"太重视器，太重视技术，而忽视了道，忽视了文化精神，社会也不可能健全发展。做好古籍整理和民族文化的推广普及工作，是现代化建设的一个有机组成部分。

编辑要立场坚定，头脑清醒，无论何时何地，始终坚持实事求是的科学态度，冷静客观地努力维护历史真实，不屈服于外在压力，不迁就眼前的短暂变化，不跟风，不随着气候转，把国家民族的长远利益、根本利益置于最高地位。在涉及重大政治问题、领土问题、边界问题、民族关系问题等复杂问题时，尤其要冷静和审慎。

编辑要有严谨可靠一丝不苟的敬业精神。有的同志搞不清楚文责自负与编辑职责的关系。文责自负是强调作者对自己的书稿负责，是著作权问题。编辑的审读加工是履行编辑的义务，是出版社的职业规范。这项工作是在尊重原作者的著作权的基础上展开的，不能强加于人，不要越俎代庖，也不能放弃职守，不做工作。作者多是某一方面的专家、内行，但是他不可能像编辑一样熟悉书稿出版业务，诸如体例格式、篇章结构、目录索引、字体字号等问题，有待于编辑协助使之完善。再高明的专家、再天才的作者，他的书稿都不可能是十全十美无懈可击的。俗话说“当局者迷，旁观者清”，编辑的审读加工可以帮助作者解决原稿中的疏漏或过失。编辑还是作者和读者之间沟通交流的桥梁，他可以帮助作者把书稿修改得更适合读者的接受程度，更充分地满足读者的需求。总之，编辑和作者的关系是优势互补的关系，是互助协作的关系。

编辑要尽到自己的职责，做好工作，就要以严肃认真的工作态度，逐字逐句地精细地审读，精细地加工，在老老实实的艰苦劳动中发现问题和解决问题。不希图侥幸、不盲目迷信，更不妄自菲薄、无所作为。要尽自己最大努力去读，去思考，力求对作者有所补益。著名老编辑周振甫先生是我们学习的榜样。1957 年周先生在为毛主席诗词做注释时，发现和改正了原稿中的两个错字：“把酒酹滔滔”，原稿作“酎”；“原驰蜡象”，原稿作“腊”。周先生渊博深湛的知识修养固然令人钦佩，其实事求是、独立思考、不盲从、不迷信的科学精神，尤其难能可贵。

古籍整理最忌以讹传讹，习非成是。李白《静夜思》：“床前明月光，疑是地上霜。举头望明月，低头思故乡。”首句中的“明”字，只在《唐诗别裁》和以《别裁》为依据编选的《唐诗三百首》中是这样的，其他大多数版本都作“看”字。分析起来，作“看”字较作“明”字要好，信息量大一些。二十个字的小诗，两次重复使用“明月”一词，似无必要。这首诗每句都有一个动词作为中心，看、疑、望、思，一气贯注。《唐诗三百首》以其轻便短小在社会上流行了很长时间，导致“床前明月光”成了流行版本。最流行的版本不一定是最好的版本。整理古籍，一字一词的取舍抉择都要经过认真查考，做到有版本根据，有思考和裁断，不人云亦云。盲目迷信，轻易拜倒在作者脚下，是不可能做好编辑工作的。只有抬起头来，以持平之心相处，认真审视，认真研读，才有切磋和商讨的可能。编辑对待作者要诚恳坦率，不卑不亢，据实协商。庸俗的吹捧易致反感，不利于亲近作者。与人为善的诚意和认真求实的切磋才是作者最欢迎的，它能帮助作者提高图书质量。不仅作者和编辑是各有短长、优势互补的关系，出版社内部责任编辑和编辑室主任、总编辑的关系，也是各有短长、优势互补的关系。切实认清这一点对推动工作是非常有利的。只有把内外各方面的优势都充分调动起来，才有可能生产出真正优质的精品图书。

编辑要谦虚谨慎，善于体察作者的良苦用心，并努力在平等和悦的气氛中协商解决问题。既不盛气凌人，也不低声下气。要遵守著作权法，尊重作者的权益。一部书稿，经济权是作者的，著作权也是作者的。有了审读意见以后，要同作者商量讨论，统一认识，在作者授权的范围内，对书稿进行认真适度的编辑加工。切忌妄自尊大，不经作者授权就任意删改涂抹。

在编辑部内部，要尊重领导，遵守工作纪律。有的年轻编辑不大注意这个问题，发表意见比较随便。原则上，编辑对外发表的意见都不是个人意见，而应当是内部协商过的代表编辑部的意见。因为编辑个人知识水平有限，工作要有把握一些，起码要和室主任商量，征得同意。遇到比较复杂困难的问题，征求了更上一层的意见，那就更是编辑部的意见。编辑个人，无论新老长幼，都是集体组织中的一员。在和作者交换书稿意见时，无论是当面约谈，电话交谈，还是写信，都是代表着工作关系的，是严肃郑重的事情，决不可信口开河，不负责任。

编辑部内部讨论书稿处理意见，发生争执，有不同意见时，因为要分析利弊，决定取舍或修改，发言往往都讲得比较明确尖锐，斩钉截铁，这对充分发扬民主以便正确决定问题是有益的。但在和作者交换意见时还要斟酌作者情况，考虑怎样有利于作者接受。对于多数作者、比较内行的作者，一般是点到为止，因为“响鼓不用重锤敲”。对于脾气比较火爆的作者，就要措词委婉一些，必要时采取迂回战术，曲折推进。和作者发生争论并不可怕，有时难免会争得面红耳赤，要紧的是编辑始终要保持与人为善的平和心态，努力掌握说服人的艺术。善于把对作者负责、对读者负责和对出版社负责最大限度地统一在一起，这才是最好的编辑、最理想的工作境界。出版一本有毛病的书，既是对读者的不尊重，也是暴露作者的缺点。作者、读者、出版社三者利益的结合点在于提高图书质量。能在历史上留下一本有文化积累价值的书，这是作者、读者、出版社三者共同的最大利益所在。评价一位作者、一位编辑有没有贡献，评价一个出版社在历史上站不站得住脚，关键要看他有没有在历史上留下几本有文化积累价值的书。如果一个出版社红红火火，过几年无声无息了，没有人想得起它来，它赚了多少钱也是白搭。如果它出的是有文化积累价值的书，千百年后仍然是这一阶段的代表性成果，谁要研究也绕不开它，这就证明了它的历史地位。对此，古籍版本学就是生动的历史见证。

审读加工要求精益求精，这是一般情况。但是，凡事不可绝对化，遇到具体情况还要具体分析，斟酌处理。处理遗稿，处理年事已高健康可虑的老年作者的书稿，一般不宜求全责备，只要总体上是有特点有价值的，应尽早出版面世，这是抢救遗产问题。即使不十分理想，出版了，也是有重要价值的作品。如果编辑一味苛求，老人风烛残年，修改未完，中途撒手，书稿就会改得半半拉拉、非驴非马，最后无法出版。这种难以挽回的损失，应当尽量避免。对中青年作者，因其年富力强，有时间从容修改，一般应严格要求，认真切磋，不宜马虎迁就。

组约古籍整理书稿要注意物色合适的作者，扬长避短，量材为用。有些长于理论研究、历史分析的专家，即使名气很大，如果不太熟悉古籍整理有关的专业技能，或者国学功底不深，也不要轻易请他担任古籍整理项目的研究任务。某出版社出版过一部著名的大部头禅宗语录，校点者是南方某大学著名老教授，他熟悉禅宗史，曾著有专书，在佛教界很有威望。但是他校点的这部禅宗语录，出版后受到严肃批评，一次就被指出数百处文字标点错误。后来逐年修订，累计订正达数千条。禅宗语录，机锋迭出，对话和叙事颇多微妙复杂之处，标点难度高于其他古籍，这是一个原因，另一原因则是择人不当，用非所长。

编辑要善于根据作者的情况确定审读重点。知道作者的长处和短处，就可以有针对性地突出强项，弥补薄弱环节。大型古籍整理书稿一般都要求“试稿”：请整理者试验性地校勘标点一部分样稿，同时拟出“校点凡例”来。编辑通过审读样稿和凡例以斟酌取舍。如果校勘不对路，标点质量很差，就及时中止约稿；如果基本路子对头，做得也很用心，只是缺乏经验，在版本选择或校勘记撰写上比较生疏，就可以通过交换意见，统一认识，请他做必要的返工，做好了，就可以确定约稿关系。试稿制度是避免不必要的损失和提高工作效率的一个行之有效的办法，也是物色和培养新生力量的办法。

编辑要根据书稿性质确定审稿重点，比如古籍选本的注释和研究性的笺释在性质上是不同的。选本的注释要深入浅出，为普通读者解决疑难，要尽可能全面细致地对普通读者读不懂的地方做出明确合理的必要解释，绝不允许人家懂的地方你喋喋不休，人家不懂的地方你一言不发。而研究性的笺释则不要求全面性，什么地方有心得，有创获，就在什么地方阐释发挥；没有新见和体会的地方就可以一言不发。因为选本的读者是普通群众，笺释的读者本身是专家，是研究者。读者定位不同，书稿的重点就不同，满足读者对象需求的书才是好书。古籍注释切忌辞书搬家，这是古籍选本注释本较常碰到的一种通病，就是《辞源》、《辞海》等大型辞书中一般都有的疑难字词或典故出处等内容，他都照搬照抄到注释里，而对辞书中没有涉及的疑难问题却不做任何补充和说明。这样的古籍注释没有多大出版价值，读者自己直接查辞书就可以了，何必再花冤枉钱呢？编辑应要求选注者用自己的创造性劳动因材施注，尽可能地帮助读者解决疑难。

五、审读古籍整理书稿的通常做法

古籍整理书稿的审读要求，从原则上讲是六个字：全面、认真、细致。对做初步基础性整理的古籍书稿，通常要求五看。

一看选题质量。

就是首先对书稿选题做出价值判断，有没有出版价值？这又有两个方面，一看古籍原著的文化积累价值。前面讲过，根据文化积累价值的大小，古籍一般可区分为四类：入库存查类，可供专业研究人员参考类，有一定代表性的基本古籍，文化价值很高、历史影响巨大的经典性核心古籍。其中经典性核心古籍和基本古籍一般都是值得整理出版的，可供专业研究人员参考的古籍，则可根据有关学术文化研究活动开展的程度有选择地整理出版。二看整理工作的贡献收获。整理工作包括校勘、标点、注释、今译、辑佚、辨伪等。对于研究性的古籍整理图书，要注重原创性、权威性，要求严谨可靠，渊博精深，富有学术含量，其实质是重在文化积累。对于普及性古籍整理图书，要注重典范性、可读性，要求深入浅出，雅俗共赏，其实质是重在养育民族精神，推广素质教育。

要对图书选题做出科学的价值判断，就要对古籍整理出版的历史、现状和有关研究动态都有比较全面深入的了解。首先要重视规划的指导意义。从1958年国务院古籍整理出版规划小组成立以来，已制定过三次古籍整理重点图书出版规划。这些规划是动员了较广泛的社会力量在深入调查研究基础上精心制定的，集中了许多专家学者的意见，可以作为选题价值判断的重要参考依据。其次要了解有关的出版情况和动态，避免选题撞车，避免出版低于人家水平的东西。要看上海古籍出版社牵头、多家古籍社联合编纂的《古籍新书目》，看中华书局编的《书品》，《书品》是集中介绍古籍整理图书和相关学术著作的书评类刊物，还有国家古籍整理出版规划领导小组主办的《古籍整理出版情况简报》。新华书店总店编的《社科新书目》内容广泛，门类齐全，尽管古籍只是其中很小一部分，但也要经常翻阅，因为其信息来源广泛，对了解古籍社以外的兄弟社的有关动态是不可缺少的。湖北人民出版社的《中国图书大辞典》，对建国以来至1992年出版的较重要较有价值的各类图书都有介绍，包括古籍图书在内。其编排方式是按学科分类的，查检比较方便。对1992年以后的较重要图书，湖北人民出版社每年编一本《中国图书年鉴》予以介绍。除了阅读有关报刊、辞典、年鉴以外，经常到书店实地去看也非常重要。眼见为实，任何别人的介绍都代替不了亲自阅读得来的深刻感受，这样得到的信息是最鲜活生动、最丰富具体的，能够激发人的创造热情。科研机关和高等院校师生既是古籍图书的销售对象，又是古籍整理的作者队伍，对科研院所和大专院校，我们要保持经常的密切的联系，随时注意有关信息。我们既要重视日常积累，做到胸中有数，又要善于现学现卖，以新选题的论证为契机，认真开展调查研究，切不可主观盲目，凭想当然办事。重点选题、疑难书稿，往往都要在认真审读、多方比较后才能作出比较明确的判断。在市场经济环境里，选题策划确实要眼观六路，耳听八方，随时注意读者口味和市场需求的变化，做到有分析，有比较，抢占制高点，发挥优势，力争主动。

二看校勘质量，看篇章文字是否可靠。

古籍社的编辑要善于认字和写字。只认识印刷体和正规字是不行的。

古籍木版书或作者的手稿里往往有许多异体字、俗体字、古体字等，需要认真辨识并能把它转换成通行的正体字，有时还要辨识行书字和草书字。明代通俗小说《型世言》的回前评、回末评都是用书坊主人手写的评语直接刻版的，某出版社整理出版时未能逐字辨识清楚，认错了一些字。字错了，对文义的理解和标点断句也随之发生错误。北京一著名大学教授撰文对此进行了严肃批评，文章的题目就是《整理古籍必先识字》，可谓语重心长，值得深思。编辑改稿最好写一笔一画容易辨认的编辑体字，不要写行草书，尤其不要潦草粗心，不要胡涂乱抹、龙飞凤舞。要为排字工人和校对人员着想，他们的工作是有定额的，非常紧张的。不要因为你简省图快而造成错误，造成返工，影响他们的工作效率和质量。有位日本学者名叫“安井衡”，因为书稿里“井”字写得刚硬，竖撇变成了挺直的一竖，被排字工人误认为是校对上的空字符号而漏排，结果这位学者就被改姓换名了。其实，只要严谨细致一点，这类错误就完全可以避免。

古籍还有一个繁体字、简体字问题。读者对象不同，采用的字体就不同。无论是手写稿还是电脑录入稿，编辑和作者都要注意，该繁则繁，该简则简，不要把繁简体转换的复杂问题留给排字工人去解决。尤其是用简体字录盘的书稿，如果要转换成繁体字，务必要逐字核定转换得正确与否。由简转繁容易出错的原因在于有些简体字是一个字形对应着两个乃至好几个繁体字，这两个或几个繁体字原来是有重要区别而不容混淆的。如“干”对应着“干支”的“干”、“乾湿”的“乾”、“幹部”的“幹”；“里”对应着里程长度的“里”和“裏外”的“裏”；“后”对应着“后妃”、“帝后”的“后”和“前後”、“先後”的“後”；“斗”对应着“升斗”、“北斗”的“斗”和“鬥争”的“鬥”。几个繁体字共用一个简体字字形，给简体字排印古籍造成了混乱，造成许多歧义和误解。有专家建议，恢复起用100个至120个繁体字，就可以基本解决这方面的混乱，如恢复起用“乾”字、“幹”字、“裏”字、“後”字等。这个建议是很有道理的，不过尚有待于文改会和有关管理部门的采纳。

校勘问题主要是解决篇章文字的可靠性问题、古籍的历史本来面貌问题，也就是古籍在长期流传过程中产生的讹、脱、衍、倒问题，相应的解决手段是改、补、删、乙。稿子来了以后，先要看他的校点凡例，看他从事校勘工作的基本思路是否正确，就是先掌握大的方面、基本的方面。判定基本思路正确以后，再去检查细部。不要一上手就先研究细部，那样容易因小失大，迷失方向。

校勘方面比较重要的问题有：

(1) 要精选底本。选择底本的要求一般是篇章可靠，文字错误最少，内容最完备。这要通过周到细致的版本调查和认真严谨的比勘和鉴别才能确定。一般情况下，凡是经过文献学家、校勘学家整理鉴定并予以推荐的本子应当都是好本子；而文物鉴赏家、目录版本学家所认定的好本子，因为专业眼光不同，或着眼于用纸，或着眼于刻工，或着眼于版式、装潢等，与古籍整理所要求的文献学上的好本子是不同的。再者，通行的本子、流行最广的本子，也不一定就是最好最可靠的本子。前面谈到的李白《静夜思》“床前明月光”，《唐诗三百首》的文字就不如《李太白全集》等其他版本可靠。某位专家校点《高僧传》采用了国际上十分流行的日本《大正新修大藏经》。实际上，《大正藏》是每面三栏密集排印的近代版本，其优点是避免了卷帙浩繁之苦，方便收藏和阅读使用，缺点是校勘不精，讹脱衍倒，所在多有。在校勘质量上，它远不如《碛砂藏》本和杨文会、欧阳竟无主持其事的金陵刻经处本。如果采用《碛砂藏》本和金陵刻经处本为底本，《高僧传》的校勘记可减少许多篇幅。只有精选底本，才能收到事半功倍和少而精的效果。校勘一定要明确底本，不能够不确定底本就胡乱拼凑。“不主一本，择善而从”的结果是炮制出版本源流不明的“四不像”版本，研究工作就无法倚为凭信，人们开展研究还要绕开它另去追寻历史的真实。

(2)要以简驭繁，以质取胜，不要搞繁琐哲学。对于版本众多的著名古籍，一般并不需要逐一罗列各本，而应通过调查研究，理清传授系统、版本源流，在流传有自的不同系统中各选一二有代表性的版本作主要校本，其他多数版本只需作为旁证材料，留供参校使用。版本通校一般只在底本和主要校本间进行，在判别版本异文的是非优劣需要寻求更多证据时，则可以起用参校本。写校勘记既要简明扼要，又要不错不漏。凡对底本有所改动的地方，均要写入校勘记，一条也不能遗漏，哪怕只是改动一个字。底本正确无误而别本有误的地方，一般不用写入校勘记。虽然不必改动底本但别本异文有重要参考价值者，也要写入校勘记。总之，写不写进校勘记，主要看对勘正底本有无价值，有多大价值。

(3)修订改字要慎重，要有足够的证据，做到无征不信，切忌主观臆断、鲁莽灭裂。现在有两种做法：一是不改动正文，所有的校勘意见都写在校勘记里；一是改动相关的正文，但在校勘记里详细说明校改前的原文以及校改的根据或理由。这两种做法都可以，都是比较慎重的做法。我比较倾向于改动相关正文并在校勘记里做详细说明，这对读者顺畅地阅读古籍原文是比较方便的，免除了读者前后翻检边读边对号入座的劳苦，即使偶尔改得有点错，细心的读者也可通过校勘记找到恢复原文的途径。这是适合普通读者的做法。也许，不改动正文是适合于专业研究工作者的更审慎的做法。

三看标点断句。

给古籍做标点断句工作可以有繁简不同的三种方式：一是简单断句，所有句子，不论长短，不论单句复句，一律用句号圈断，句中并列结构的词语偶尔使用顿号(旧称瓜子点)；二是简式标点，即主要使用逗号、句号，书名号采用尖角号，基本不用冒号、引号和专名号；三是全式标点，即全面使用各种标点符号，包括冒号、引号、书名号(波浪线)、专名号(直线)。三种方式中以断句最为简单古朴，但不符合现代读者的阅读习惯，现在基本只用在供专业人士阅读的影印古籍或极少数冷僻专门的古籍中。新整理的古籍以简式标点较为常见。它比断句要深入细致一些，较易为读者接受，又可以回避一些复杂的问题，便于藏拙。因为古人引书往往全凭记忆，不甚准确，或者撮述大意，并不逐字逐句严格忠实于原著，所以可不用或少用引号，整理者还可以免除查验出处核实文字的劳苦。这样，引文终止于何处就完全靠读者自己去领悟判断了。辨识专名是阅读古籍中一件令人头痛的难事，读书不多、见闻不广者往往难于措手，如果不懂装懂，难免笑话迭出。不加专名号就可以避免丢丑，不失为力不足者的一种明智的选择。这样做，专名和叙事文字搅和在一起，会增加读者的困难，弄不好就把人绕糊涂了。全式标点最有利于读者，但确实难度很大，没有深厚的文献学功底是不可能做好这项工作的。作为整理者，选择适合自己实际水平的标点方式是正确的。另外，还要考虑读者对象，面向普通读者的古籍读物，最好能采用全式标点；面向专家、学者的古籍书就不一定非用全式标点不可，有断句或简式标点就足够了，谁也不必做那费力不讨好的难事。

标点质量中最要紧最突出的不是误用标号问题，而是破句问题。误用标号的情况主要存在于全式标点的古籍中，对普通读者有误导作用，而古文修养稍高的同志多数都能自行辨别和纠正这类失误。

造成破句问题的原因很多，有相当一部分破句不是由于水平问题，而是由于粗枝大叶，漫不经心，由于敬业精神不够，职业道德有亏，治学浮躁，急功近利。由于这种原因产生的标点质量问题，编辑只要忠于职守，认真审读，多半都能发现。这种情况，首先要让整理者端正态度，是非优劣的讨论倒在其次。如果不从根本上端正态度，只是就事论事地讨论对错，即使退改多次，编辑也很难完全把住标点质量关，因为整理者的工作态度是书稿质量的基础，基础不好，遇到批评又虚与应付，编辑再努力也难弥补根本上的不足。

破句的具体错误类型可以分得很细，我在实际工作中的体会是，从致误原因分析，主要有三个方面。一是不识平仄对仗、骈偶排比而误。由于汉字是内涵丰富而且富于弹性和变化的，因此同一个汉字在不同的语言环境里可以表现为不同的音义或词性，这就容易产生不识平仄、骈偶的错误。自古以来，平仄对仗、骈偶排比就是汉语语言技巧的核心部分，不仅诗词曲赋讲究平仄对仗，而且经史子集甚至古文(散文)也十分注重骈偶排比。诗文共生，骈散结合，是比较普遍的现象。熟练掌握平仄对仗的技巧，就是掌握了开启古籍之门的一把钥匙。标点古书最常见的破句是将骈偶排比的句子或词语割裂成散文，破坏了原有的韵律美，影响文义的理解。这方面的例子多得举不胜举。二是不识专名而误，包括人名、地名、书名、篇章名、职官名等。专名的情况也很复杂，光人名就包括姓、名、字、号、行辈、里籍、郡望、尊称、谥号、俗称、简称等多种情况，读书时稍不留神就会理解错误。如果把专名混同于记叙文字，就极易造成破句，造成窒碍难通。防止和减少此类错误的主要办法就是多读书，多积累，多储存有关的资料信息。在见闻不广、文献功底不足的情况下，读书读稿一旦有疑，就要勤查辞书、工具书，包括人名索引、地名索引、书目索引、职官索引等。查书一时查不到，还可以向有经验的老同志虚心求教，以人之长，补己之短。经验告诉我们：读不通的地方往往都有埋伏，千万不要轻易放过去，一定要想方设法读懂，弄明白，看看卡壳的原因究竟在哪里。这样坚持严谨治学，一丝不苟，期以时日，必有收效。三是不熟悉古文的结构和语感而误。结构和语感似乎都比较抽象，不容易具体把握。实际上，只要经常熟读一些典范的古文作品，久而久之，对语法结构的体会就有了，语感也有了，就不会用现代汉语的语言习惯去框套古文，造成误读和割裂。常见的错误一是割裂古汉语固定的语法结构，二是混淆记叙与对话的界线。

四看标题立目、段落划分与版面安排。

木版古籍书有些没有章节标题，也不划分段落，密密麻麻一大片，望之令人生畏。今天校点整理古籍，就应该斟酌情况，标题立目，分卷分章分节，细致地根据记事层次或论述主题为之划分段落，并把大大小小的段落通过不同的版面安排表现出来，让读者感到眉清目爽，层次分明。每小段开头第一行一般都低两格排，层次复杂的大的段落可以用空一行的方式表示。叙事中遇有长篇大段的引述，对所引述的内容可以再缩进两格排，也可以换用不同的字体字号以示区别。校点本二十四史在版面格式上是十分讲究的。总之，要让读者感到层次分明，一目了然。

前人著书没有编制明细目录的，后人完全可以根据其内容拟定一份目录，只要目录能够准确贴切地反映该书的思想内容和逻辑结构，方便读者阅读，不必拘泥于原目的有无和粗细。目录和索引都是作品的辅助部分，可以是作者做，也可以是编辑做。今天也有这种情况。钱锺书先生的《谈艺录》、《管锥编》，就都是责任编辑周振甫先生为之编写的目录，不仅读者欢迎，作者也十分赞赏。

五看学术规范、职业道德。

古籍整理和研究治学一样，也有一个学术规范、职业道德问题。许多老一辈学者在这方面为我们树立了榜样。“板凳要坐十年冷，文章不写一句空”，在著述方面，他们严谨踏实、实事求是、厚积薄发，把著书立说看作非常庄严神圣的事情。发表学术见解时从不掠人之美，凡参考借鉴了他人的研究成果，哪怕一个字一句话，也要逐一声明。目前一些地方浮躁之风很盛，学术上片面强调量化考核，促成许多低水平的重复和商业气的炒作。有的人以抄袭、剽窃为能事，没有什么潜心研究就已经“著作等身”，无非是改头换面，东拼西凑。在古籍整理出版方面，我们要尊重著作权，严把质量关，重视书稿的原创性、规范性，坚持严肃的学术规范，狠狠打击抄袭、剽窃行为，不给假冒伪劣书稿任何出版的机会。有志气的编辑出版者应当多出祖本、母本、原创本，不出伪本、劣本、仿冒本。

本文原为作者在2001年10月举办的第一期全国古籍社编辑培训班上的讲稿，刊载于岳麓书社2002年出版的《古籍整理出版十讲》一书